Marietta Auer
Zur Aktualität der Privatrechtstheorie Adolf Reinachs

Schriftenreihe der Juristischen
Gesellschaft zu Berlin

—

Heft 201

Marietta Auer

Zur Aktualität der Privatrechtstheorie Adolf Reinachs

Aktualisierte und erweiterte Fassung
des am 5. Dezember 2023 vor der Juristischen
Gesellschaft zu Berlin gehaltenen Vortrages

DE GRUYTER

Prof. Dr. *Marietta Auer*, M.A., LL.M., S.J.D. (Harvard)
Direktorin am Max-Planck-Institut für Rechtsgeschichte und Rechtstheorie in Frankfurt am Main sowie Professorin an den Universitäten Gießen und Frankfurt am Main

ISBN 978-3-11-152253-1
e-ISBN (PDF) 978-3-11-152604-1
e-ISBN (EPUB) 978-3-11-152809-0
DOI https://doi.org/10.1515/9783111526041

Dieses Werk ist lizenziert unter einer Creative Commons Namensnennung 4.0 International Lizenz. Weitere Informationen finden Sie unter http://creativecommons.org/licenses/by/4.0.

Library of Congress Control Number: 2024937157

Bibliografische Information der Deutschen Nationalbibliothek
Die Deutsche Nationalbibliothek verzeichnet diese Publikation in der Deutschen Nationalbibliografie; detaillierte bibliografische Daten sind im Internet über http://dnb.dnb.de abrufbar.

© 2024 bei den Autoren, publiziert von Walter de Gruyter GmbH, Berlin/Boston.
Dieses Buch ist als Open-Access-Publikation verfügbar über www.degruyter.com.
Druck und Bindung: CPI books GmbH, Leck

www.degruyter.com

Vorwort

Dieser Band enthält die aktualisierte und wesentlich erweiterte Fassung der Vorträge, die ich am 29. November 2023 vor der Juristischen Studiengesellschaft Karlsruhe sowie am 5. Dezember 2023 vor der Juristischen Gesellschaft zu Berlin gehalten habe. Die vorliegende Schriftfassung erscheint textgleich in den Schriftenreihen beider Gesellschaften bei C.F. Müller, Heidelberg sowie Walter de Gruyter, Berlin. Ich danke den Vorständen beider Gesellschaften, insbesondere Frau Dr. Christiane Schmaltz, Karlsruhe sowie Herrn Prof. Dr. Stefan Ulrich Pieper und Frau Prof. Dr. Anna-Bettina Kaiser, Berlin für die freundliche Einladung und Aufnahme des Texts in die jeweilige Schriftenreihe sowie den beteiligten Verlagshäusern für die wechselseitige Ermöglichung dieser Publikation.

Frankfurt am Main, im April 2024   Marietta Auer

Inhalt

Einführung —— 1

I Adolf Reinach: Sprachphilosoph des Privatrechts —— 4

II Versprechen: Obligation und relatives Recht —— 15

III Gehören: Eigentum und absolutes Recht —— 21

IV Bestimmen: Positives Recht und das Erkenntnisziel der Rechtstheorie —— 29

V Eine Ontologie, um alle Ontologismen zu beenden —— 34

Literatur —— 37

Zur Autorin —— 41

Schriftenreihe der Juristischen Gesellschaft zu Berlin —— 43

Einführung

Die Anfänge des zwanzigsten Jahrhunderts waren in den juristischen und philosophischen Seminaren deutscher Universitäten eine Zeit des Aufbruchs. Überall, nicht nur in den Naturwissenschaften, wurde mit neuen Methoden experimentiert. Die Kodifikationswelle nach der deutschen Reichsgründung von 1871 hatte das endgültige Aus des Historismus in der deutschen Rechtswissenschaft zur Folge. Analytisch-szientistische Methoden kämpften mit zweck- und interessenjuristischen Gegenpositionen um die akademische Vorherrschaft.[1] In der Philosophie wetteiferten szientistische, psychologische und ökonomische Strömungen mit den modernisierten idealistischen Weltverständnissen des Neukantianismus und Neuhegelianismus.[2] In diesem Umfeld entstand die bis weit in das zwanzigste Jahrhundert hineinwirkende Phänomenologie als Gegenentwurf sowohl zu empiristischen als auch zunächst zu transzendentalphilosophischen Erkenntnistheorien und Ontologien. „Zurück zu den Sachen selbst!", lautete die neu-alte Forderung Edmund Husserls.[3]

Adolf Reinach, Schüler Husserls und als Philosoph und Jurist doppelt akademisch qualifiziert, machte es sich zum Ziel, diese Maxime in der Rechtstheorie einzulösen. Diesem Ziel widmete er sein Hauptwerk *Die apriorischen Grundlagen des Bürgerlichen Rechtes*,[4] das heute außerhalb des philosophischen Fachpublikums

---

[1] Zur Ideengeschichte rechtswissenschaftlicher Epistemologien der Jahrhundertwende *Marietta Auer*, Politische Theologie als Rechtswissenschaftstheorie. Kommentar zu Jean-François Kervégan, in: RPhZ 7 (2021), 131–140; *dies.*, A Genealogy of Private Law Epistemologies, in: Thilo Kuntz/Paul B. Miller (Hrsg.), Methodology in Private Law Theory: Between New Private Law and Rechtsdogmatik, 2024, 3–24.
[2] Dazu *Helmut Holzhey/Wolfgang Röd*, Die Philosophie des ausgehenden 19. und des 20. Jahrhunderts 2: Neukantianismus, Idealismus, Realismus, Phänomenologie, 2004.
[3] Sinngemäß *Edmund Husserl*, Philosophie als strenge Wissenschaft, in: Logos 1 (1910/11), 289, 305. Die später verselbständigte Maxime findet sich wörtlich etwa bei *Adolf Reinach*, Über Phänomenologie, in: Karl Schuhmann/Barry Smith (Hrsg.), Adolf Reinach. Sämtliche Werke. Textkritische Ausgabe in 2 Bänden, Bd. 1, 1989, 531–550, 538; *Martin Heidegger*, Über das Prinzip „Zu den Sachen selbst", in: Parvis Emad/Friedrich-Wilhelm von Herrmann/Kenneth Maly (Hrsg.), The New Onset of the Thinking of Being, Heidegger Studies/Heidegger Studien/Etudes Heideggeriennes Bd. 11, 1995, 5–8. Zur Bedeutung der Maxime auch *Anthony J. Steinbock*, Back to the Things Themselves, in: Human Studies 20 (1997), 127–135.
[4] *Adolf Reinach*, Die apriorischen Grundlagen des bürgerlichen Rechtes, in: Jahrbuch für Philosophie und phänomenologische Forschung 1, 2. Teilband (1913), 685–847, hier zitiert nach Karl Schuhmann/Barry Smith (Hrsg.), Adolf Reinach. Sämtliche Werke. Textkritische Ausgabe in 2 Bänden, Bd. 1, 1989, 141–278 [nachfolgend: *Reinach*, AGbR, in: Sämtliche Werke I].

Open Access. © 2024 bei den Autorinnen und Autoren, publiziert von De Gruyter. Dieses Werk ist lizenziert unter einer Creative Commons Namensnennung 4.0 International Lizenz.
https://doi.org/10.1515/9783111526041-002

kaum mehr bekannt ist. Zwar war Reinach nie im eigentlichen Sinne vergessen; vielmehr besaß er vor allem in phänomenologischen Kreisen immer eine geradezu glühende Anhängerschaft.[5] Und dennoch blieb Reinachs Rechtstheorie die längste Zeit des zwanzigsten Jahrhunderts ein Thema für Spezialisten. Dafür gibt es jedenfalls zwei Gründe. Zum einen war Reinach kein langes, produktives Gelehrtenleben vergönnt. Geboren 1883, fiel er 1917 33-jährig den Gefechten des Ersten Weltkriegs zum Opfer, ohne ein ausgereiftes wissenschaftliches Werk hinterlassen zu haben. Zum anderen mag Reinachs Theorie eines rechtlichen Apriori auf heutige, zumal phänomenologisch nicht vorgeprägte Leser sperrig oder gar abschreckend wirken. Reinachs Rechtsphänomenologie verschließt sich einfachen Einordnungen und raschen Rezeptionen. Reinach postuliert ein rechtliches Apriori, dessen Existenz und Erkennbarkeit zu allen anderen zeitgenössischen Rechtstheorien quer liegt, ja sich meist gar nicht um deren Erkenntnisse schert. Zugleich modelliert Reinach seine phänomenologische Rechtstheorie im Gegensatz zu den meisten Rechtsphilosophien des zwanzigsten Jahrhunderts weder am Straf- noch am Verfassungsrecht, sondern vielmehr rund um ein klassisches Gerüst zivilrechtlicher Begriffe und Denkstrukturen, die nicht zuletzt von Reinachs ausgereiftem zivilistischen Können zeugen und zudem ein Schlaglicht auf die wissenschaftliche Prägekraft des zu diesem Zeitpunkt erst wenige Jahre alten Bürgerlichen Gesetzbuchs werfen. All dies macht eine Wiederentdeckung Reinachs gerade für die gegenwärtige Privatrechtstheorie interessant, und zwar vor allem für solche Theorieansätze, die gegen die Strömungen empiristischer, ökonomischer und kritischer Theorien an der Leistungsfähigkeit klassisch-moderner Zivilrechtsdogmatik festhalten. Hinzugefügt sei, dass Reinach gerade in jüngerer Zeit eine Renaissance in der angloamerikanischen Privatrechtstheorie erfährt, die die große und bleibende – gerade auch internationale – Anschlussfähigkeit seiner Theoriebildung nochmals unterstreicht.[6]

Ziel der vorliegenden Abhandlung ist es, Reinachs Hauptwerk einem breiteren Publikum vorzustellen und damit einen – nach hier vertretener Ansicht überfälligen – Beitrag zu seiner Wiederentdeckung zu leisten. Dazu führt die vorliegende

---

5 Ablesbar nicht zuletzt an den zahlreichen Gesamtausgaben und Werkeditionen. Zur Editionsgeschichte des Hauptwerks *Die apriorischen Grundlagen des bürgerlichen Rechtes* Karl Schuhmann/Barry Smith (Hrsg.), Adolf Reinach. Sämtliche Werke, Bd. 2, 1989, 676 ff.
6 Reinachs Hauptwerk ist seit 1983 in englischer Übersetzung von John F. Crosby zugänglich: *Adolf Reinach*, The Apriori Foundations of the Civil Law, in: Aletheia 3 (1983), 1–142; monographisch wiederveröffentlicht: *Adolf Reinach*, The Apriori Foundations of the Civil Law. Along with the lecture, „Concerning Phenomenology", hrsg. v. John F. Crosby, 2012. Zu Reinach aus Sicht des amerikanischen *New Private Law* demnächst Marietta Auer/Paul B. Miller/Henry E. Smith/James Toomey (Hrsg.), Reinach and the Foundations of Private Law, im Erscheinen.

Abhandlung zunächst in Reinachs Rechtsphänomenologie ein und weist Wege zu einer Reinach-Rezeption, die von phänomenologischen Denkvoraussetzungen weitgehend unabhängig sind.[7] Solche Wege finden sich nach hier vertretener Auffassung vor allem in Erkenntnissen der modernen Sprachphilosophie, die von Reinach vielfach vorweggenommen wurden. Die nachfolgenden Kapitel entfalten drei zentrale Grundbegriffe, auf denen das Gebäude von Reinachs Rechtstheorie beruht: *Versprechen* als Grundbegriff des Schuldrechts,[8] *Gehören* als Grundlage des Sachenrechts[9] sowie *Bestimmen* als Ausgangspunkt der gesamten positiven Rechtsordnung.[10] Alledem liegt, wie vorliegend gezeigt werden soll, Reinachs Einsicht in die Rolle performativer Sprechakte als Grundlage rechtlicher Sinnentstehung zugrunde. Reinach zeigt, dass „Zurück zu den Sachen selbst!" in der Rechtstheorie ein Zurück zu den performativen Verben erfordert, die für die elementare Gestalt rechtlicher Grundbegriffe konstitutiv sind. Das abschließende Kapitel ordnet diese Erkenntnis in den Kontext alternativer rechtstheoretischer Entwürfe ein und fragt nach der Fruchtbarkeit einer heutigen Beschäftigung mit Reinachs Theorie.[11] Das Ziel der vorliegenden Abhandlung ist erreicht, wenn es gelingt, die Brauchbarkeit von Reinachs sprachphänomenologischem Ansatz im Zusammenhang aktueller Privatrechtsdebatten zu erweisen. Das Thema der vorliegenden Abhandlung könnte daher kurz zusammengefasst auch lauten: Versprechen, Gehören, Bestimmen – Privatrecht erklärt durch drei performative Verben.

---

[7] Nachstehend I.
[8] Nachstehend II.
[9] Nachstehend III.
[10] Nachstehend IV.
[11] Nachstehend V.

I Adolf Reinach: Sprachphilosoph des Privatrechts

Als Sohn eines jüdischen Fabrikanten 1883 in Mainz geboren, erlebte Adolf Reinach seine akademische Ausbildung in den wissenschaftlichen Blütejahren der Jahrhundertwende, als das unübersehbare Auseinanderdriften der Geistes- und Naturwissenschaften die Frage nach den Bedingungen der Möglichkeit von Erkenntnis mit voller Wucht aufwarf. Reinachs frühe akademische Prägung begann in München, wo er sich 1901 als Student der Rechte einschrieb, jedoch hauptsächlich bei Theodor Lipps, einem der damals angesehensten Münchener Philosophen, Philosophie und Psychologie studierte.[12] Lipps und seine Schüler – Neurophilosophen *avant la lettre* – beanspruchten, erkenntnistheoretische Grundfragen durch psychologische Prozesse des menschlichen Bewusstseins erklären zu können. Lange hielt es Reinach indessen nicht in diesem Kreis. Nach der 1904 bei Lipps abgeschlossenen Promotion zog es ihn 1905 zusammen mit einer Gruppe junger Phänomenologen rund um Moritz Geiger, Otto Selz, Aloys Fischer, Alexander Pfänder und Johannes Daubert in einer als „Münchener Invasion in Göttingen" bekannt gewordenen Gruppenbewegung nach Göttingen, um bei Edmund Husserl, Lipps' antipsychologistischem Gegenspieler, Phänomenologie zu studieren.[13] Zwischendurch schloss Reinach noch sein rechtswissenschaftliches Studium bei dem Strafrechtstheoretiker Ernst Beling in Tübingen ab. Schließlich wandte er sich hauptberuflich zur Philosophie und habilitierte sich 1909 bei Husserl in Göttingen. 1913 gehörte er neben Moritz Geiger, Alexander Pfänder und Max Scheler zu den Mitbegründern von Husserls *Jahrbuch für Philosophie und phänomenologische Forschung*. In dessen erstem Band erschien seine im selben Jahr zugleich monographisch veröffentlichte Abhandlung *Die apriorischen Grundlagen des bürgerlichen Rechtes*.[14] Neben dieser Abhandlung hat Reinach nur wenige weitere phänome-

---

12 Siehe die Selbstzeugnisse in den Lebensläufen zur Dissertation und Habilitation sowie den Editionsbericht zu den *apriorischen Grundlagen*, in: Adolf Reinach. Sämtliche Werke. Textkritische Ausgabe in 2 Bänden, hrsg. v. Karl Schuhmann und Barry Smith, Bd. 1, 1989, 636; Bd. 2, 665 ff., 713; vgl. auch *Karl Schuhmann/Barry Smith*, Adolf Reinach: An Intellectual Biography, in: Kevin Mulligan (Hrsg.), Speech Act and Sachverhalt. Reinach and the Foundations of Realist Phenomenology, 1987, 3–27; *James DuBois/Barry Smith*, Adolf Reinach, in: The Stanford Encyclopedia of Philosophy (Fall 2018), hrsg. v. Edward N. Zalta, https://plato.stanford.edu/archives/fall2018/entries/reinach/. Eine wissenschaftliche Biographie Reinachs fehlt und bildet ein Desiderat.
13 Zu den Münchener und Göttinger Phänomenologenkreisen *Schuhmann/Smith*, in: Mulligan (Hrsg.), Speech Act and Sachverhalt, 1987, 8; *Alessandro Salice*, The Phenomenology of the Munich and Göttingen Circles, in: The Stanford Encyclopedia of Philosophy (Winter 2020), hrsg. v. Edward N. Zalta, https://plato.stanford.edu/archives/win2020/entries/phenomenology-mg/.
14 Vorstehend Fn. 4.

∂ Open Access. © 2024 bei den Autorinnen und Autoren, publiziert von De Gruyter. Dieses Werk ist lizenziert unter einer Creative Commons Namensnennung 4.0 International Lizenz.
https://doi.org/10.1515/9783111526041-003

nologische und begriffstheoretische Schriften hinterlassen. Am 16. November 1917 fiel er, 33-jährig, als Leutnant der Reserve bei Diksmuide in Belgien. Die vielversprechenden Schriften, die aus seiner Hand noch zu erwarten gewesen wären, blieben ungeschrieben.

Schon zu Lebzeiten sowie nach seinem vorzeitigen Tod begann indessen eine bis heute nicht abgerissene Legendenbildung rund um seine Person. Zu Reinachs Geschichte gehört auch die Geschichte von Edith Stein, die zu Reinachs Göttinger Zeit ebenfalls zu Husserls Schülern zählte, sich dort aber nicht habilitieren konnte – sie kam wegen Husserl, blieb jedoch wegen Reinach. Aus einer jüdisch-orthodoxen Familie aus Breslau stammend, wandte sie sich nach Reinachs Tod dem Katholizismus zu und trat 1933 in Köln in den Karmeliterorden ein. Die Flucht in einen niederländischen Karmel rettete sie nicht vor der Verfolgung durch die Nationalsozialisten. 1942 wurde sie gemeinsam mit ihrer Schwester von der Gestapo verhaftet und in Auschwitz ermordet. Papst Johannes Paul II. sprach Stein am 1. Mai 1987 selig und am 11. Oktober 1998 heilig.[15]

Es ist müßig, darüber zu spekulieren, was Reinach hätte erreichen können, hätte er lange genug gelebt, um aus seinen ersten jugendlichen Versuchen zu einer phänomenologischen Rechtstheorie ein reifes wissenschaftliches Werk zu formen. Heutige Exegeten müssen mit dem Wenigen arbeiten, das er hinterlassen hat. So wenig ist es indessen nicht. Das schmale Werk *Die apriorischen Grundlagen des bürgerlichen Rechtes* bietet genug Denkanstöße für vielfältige rechtstheoretische Befassung. Der theoretische Weg, den Reinach darin beschreitet, unterscheidet sich von praktisch allen anderen Wegen, die in der Rechtsphilosophie des frühen zwanzigsten Jahrhunderts begangen wurden. Unter diesen gab es – verallgemeinernd gesprochen – drei konkurrierende Strömungen:[16] Erstens den Analytizismus der Allgemeinen Rechtslehre, der es insbesondere in der neukantianisch-positivistischen Ausprägung der *Reinen Rechtslehre* Hans Kelsens zu weltweiter Verbreitung schaffte. Zweitens verschiedene Spielarten des Rechtsrealismus, des Freirechts, der Interessenjurisprudenz und der soziologischen Jurisprudenz, die ebenfalls länderübergreifend diskutiert wurden. Drittens schließlich eine starke idealistische Gegenströmung, die sich in verschiedenen Ansätzen eines christlichen oder säku-

---

15 Zu Edith Stein vgl. *Karl Schuhmann*, Edith Stein und Adolf Reinach, in: Reto Luzius Fetz/Matthias Rath/Peter Schulz (Hrsg.), Studien zur Philosophie von Edith Stein. Internationales Edith-Stein-Symposion Eichstätt 1991, 1993, 53–88; *Thomas Szanto/Dermot Moran*, Edith Stein, in: The Stanford Encyclopedia of Philosophy (Spring 2020), hrsg. v. Edward N. Zalta, https://plato.stanford.edu/archives/spr2020/entries/stein/.
16 Zur Ideengeschichte *Auer* (Fn. 1). Zum Verhältnis von Reinachs Phänomenologie zu Ansätzen anderer phänomenologisch arbeitender Rechtstheoretiker aus Husserls Kreis *Sophie Loidolt*, Einführung in die Rechtsphänomenologie, 2010.

laren Naturrechts, richtigen Rechts oder idealistisch gewendeten Neukantianismus oder Neuhegelianismus ausdrückte, so schon bei Friedrich Julius Stahl und später etwa bei Rudolf Stammler, Julius Binder und Karl Larenz.

Reinachs apriorische Phänomenologie lässt sich keinem dieser Lager zuordnen.[17] Reinach postuliert zwar ein rechtliches Apriori, schließt sich dabei aber weder dem neukantianischen Verständnis von Apriorität noch dem idealistischen Naturrecht an – und schon gar nicht den empiristischen Strömungen des Rechtsrealismus. Reinach hat vielmehr eine phänomenologisch begründete, apriorische Rechtsontologie und -epistemologie im Sinne, die keinerlei naturrechtliches oder moralisches Bekenntnis voraussetzt. Zugleich macht die Ablehnung eines moralischen Apriori Reinach jedoch auch nicht umgekehrt zum Rechtspositivisten. Vielmehr verteidigte er, worauf zurückzukommen sein wird, nachdrücklich die Unabhängigkeit zwischen dem von ihm behaupteten rechtlichen Apriori und dem positiven Recht:

> Wir werden zeigen, daß die Gebilde, welche man allgemein als spezifisch rechtliche bezeichnet, ein Sein besitzen so gut wie Zahlen, Bäume und Häuser; daß dieses Sein unabhängig davon ist, ob es Menschen erfassen oder nicht, daß es insbesondere unabhängig ist von allem positiven Rechte. Es ist nicht nur falsch, sondern im letzten Grunde sinnlos, die rechtlichen Gebilde als Schöpfungen des positiven Rechtes zu bezeichnen, genauso sinnlos, wie es wäre, die Gründung des Deutschen Reiches oder einen anderen historischen Vorgang eine Schöpfung der Geschichtswissenschaft zu nennen. Es liegt wirklich das vor, was man so eifrig bestreitet: das positive Recht findet die Begriffe, die in es eingehen, *vor, es erzeugt sie mitnichten.*[18]

Worin also besteht Reinachs Apriori? Das phänomenologische Schibboleth „Zurück zu den Sachen selbst"[19] verlangt eine Rückkehr zu den Sachen gerade in der konkreten Gestalt, in der sie sich der Erfahrung darbieten. Im Gegensatz zu rationalistischen, insbesondere kantianischen Gegenentwürfen lehrt die Phänomenologie, dass keine erfahrungsunabhängige Erkenntnis der Gegenstände der Außenwelt möglich ist und Erfahrung zugleich notwendig mehr ist als bloße Repräsentation der Gegenstände im Bewusstsein. Das Bewusstsein realisiert sich vielmehr gerade dadurch, dass es sich als Bewusstsein *des anderen* außerhalb seiner selbst entfaltet

---

17 Zum Standort von Reinachs Rechtsphilosophie *Stanley L Paulson*, Demystifying Reinach's Legal Theory, in: Kevin Mulligan (Hrsg.), Speech Act and Sachverhalt. Reinach and the Foundations of Realist Phenomenology, 1987, 133–154; *Karl Larenz*, Methodenlehre der Rechtswissenschaft, 6. Aufl. 1991, 111 ff.; *Neil Duxbury*, The Legal Philosophy of Adolf Reinach, Teil 1, in: ARSP 77 (1991), 314–347; Teil 2, in: ARSP 77 (1991), 466–492; *Andreas Funke*, Allgemeine Rechtslehre als juristische Strukturtheorie, 2004, 37 f.
18 *Reinach*, AGbR, in: Sämtliche Werke I, § 1, 143. Sperrungen im Original hier und im Folgenden stets kursiv wiedergegeben.
19 Dazu vorstehend Fn. 3 m.w.N.

und damit die Gegenstände der Außenwelt gerade so wahrnimmt, *wie* sie sich dem phänomenologischen Zugriff der Erfahrung darbieten.[20] Apriorität bezeichnet in Reinachs Rechtsphänomenologie damit sowohl eine erkenntnistheoretische als auch eine ontologische Kategorie.[21] Sie setzt nicht voraus, dass das menschliche Erkenntnisvermögen jeder Erfahrung vorausgeht, sondern impliziert vielmehr, dass das Erkenntnisvermögen und die erkannte Objektstruktur *gleichermaßen* das Bewusstseinsphänomen der Erfahrung prägen, dass es also das konkrete Phänomen menschlicher Erkenntnis *so* nicht gäbe, wenn die Dinge anders wären. In der phänomenologischen Erkenntnis vereinigen sich mithin die nicht weiter hinterfragbaren Grundstrukturen des erkannten Objekts und des erkennenden Subjekts; in Reinachs Rechtsphänomenologie dementsprechend die nicht weiter argumentativ reduzierbaren Grundstrukturen rechtlicher Sinnentstehung.

Worin allerdings diese Grundstrukturen bestehen und ob sie wirklich, wie Reinach beansprucht, basal sind für die Entstehung rechtlichen Sinns, lässt offenkundig erheblichen Interpretationsspielraum offen. Dementsprechend lässt sich Reinachs Philosophie auf ganz verschiedenen Ebenen lesen. Eine starke, metaphysisch voraussetzungsreiche Lesart verlangt ein Bekenntnis zu den epistemologischen und ontologischen Prämissen der Phänomenologie.[22] Zumindest erfordert die phänomenologische Einheit von Transzendenz und Erfahrung eine Theorie des Bewusstseins, die eine *objektive* Realität jenseits der individuellen Wahrnehmung widerspiegelt, in der universelle Strukturgesetze gelten, die von der menschlichen Psyche unabhängig sind. Solche Strukturgesetze existieren; die Gesetze der Logik und Mathematik bilden vielgenutzte Beispiele. Mit Husserl lässt sich das Problem der Phänomenologie damit auch wie folgt formulieren:[23] Kommt das Bewusstsein vor der Logik oder die Logik vor dem Bewusstsein? Folgt die Logik der Psychologie, gilt also 2+2=4, weil die menschliche Psyche so beschaffen ist, dass sie das so sieht, oder ist es nicht vielmehr umgekehrt so, dass 2+2=4 aufgrund universeller logischer Gesetze in jeder denkbaren Welt gilt und sich den Strukturen des menschlichen Bewusstseins aufprägt? Reinach vertritt mit Husserl dezidiert den letzteren

---

20 Grundlegend *Edmund Husserl*, Formale und Transzendentale Logik, 1929, § 94. Zur hier zugrunde gelegten methodologischen Bedeutung der Phänomenologie vgl. auch *Dan Zahavi*, Husserls Phänomenologie, 2009, 40 ff.
21 Zu Reinachs Phänomenologie primär *Reinach*, Über Phänomenologie, in: Sämtliche Werke I, 531–550; aus der Literatur etwa *Kimberly Baltzer-Jaray*, Phenomenological Jurisprudence: A Reinterpretation of Reinach's Jahrbuch Essay, in: J. Edward Hackett/J. Aaron Simmons (Hrsg.), Phenomenology for the Twenty-First Century, 2016, 117–137; *dies.*, Bogged Down in Ontologism and Realism: The Phenomenology of Adolf Reinach, in: Rodney K. B. Parker (Hrsg.), The Idealism-Realism Debate among Edmund Husserl's Early Followers and Critics, 2021, 151–171.
22 Zum Ganzen *Roman Ingarden*, Der Streit um die Existenz der Welt, 1965.
23 Grundlegend *Edmund Husserl*, Logische Untersuchungen, Bd. 1, 1975, §§ 17 ff.

Standpunkt, also den Vorrang der Logik und die Apriorität ihrer Gesetze vor der menschlichen Psyche. Im prominent ausgetragenen Jahrhundertwende-Streit um den Psychologismus positioniert er sich damit gegen seinen frühen akademischen Lehrer Theodor Lipps, Husserls Antipoden in dieser Debatte.

Reinach benötigt jedoch – und gerade darin zeigt sich seine Anschlussfähigkeit für die gegenwärtige Rechtstheorie – gerade *keine* endgültige Antwort auf den Psychologismusstreit, um philosophisch sinnvolle Aussagen zu den apriorischen Grundlagen des Rechts treffen zu können. Ganz im Sinne der Prämisse, dass es universelle Gesetze der Logik des menschlichen Miteinanders geben müsse, die der individuellen Psyche vorausgehen, versucht Reinach, eine Verständigung über allgemeine Strukturen des Rechtsdenkens herbeizuführen, hinter die man nicht zurückgehen kann, wenn *überhaupt* so etwas wie Recht und eine Verständigung darüber möglich sein soll. Das Elegante an Reinachs Theorie ist dabei, dass man ihren phänomenologischen Überbau letztlich nicht benötigt, um sein Werk mit Gewinn zu lesen. Reinach besitzt nämlich das große philosophische Talent, seine Theorie so schlank zu formulieren, dass man sich gerade nicht auf die philosophischen Grundlagen der Phänomenologie einlassen muss, um von seinen analytischen Einsichten zu profitieren. Stattdessen lässt sich Reinach in fruchtbaren Dialog mit modernen analytischen und insbesondere sprachphilosophischen Ansätzen bringen. Eine solche Lesart reduziert den Kern von Reinachs Theorie auf die Beobachtung, dass kognitive Akte in vielen Fällen *soziale* Akte sind, die im Medium der *Sprache* vollzogen werden. Das Apriori des Rechts hat also notwendig etwas mit Sprache als dem Apriori sozialen Handelns zu tun. Reinachs rechtliches Apriori lässt sich damit in eine Phänomenologie der performativen Grundlagen der Rechtssprache übersetzen: Dass das Recht eine sprachliche soziale Praxis ist, ist alles, was man wissen muss, um das Wesen seiner Grundlagen zu begreifen.

Sucht man nun nach Parallelen und möglichen Anschlussstellen zwischen Reinach und der modernen Sprachphilosophie, stößt man schnell auf die offenkundige Nähe des „sozialen Akts",[24] der die Urform des performativen Rechtsakts in Reinachs Theorie bildet, zum performativen Sprechakt im Sinne der von John L. Austin und John Searle begründeten Sprechakttheorie.[25] Ein halbes Jahrhundert

---

24 *Reinach*, AGbR, in: Sämtliche Werke I, § 3, 158 ff.
25 Grundlegend *John L. Austin*, How to Do Things With Words, 2. Aufl. 1975; *John R. Searle*, Speech Acts: An Essay in the Philosophy of Language, 1969. Zur Interpretation Reinachs im Lichte der Sprechakttheorie bereits *John F. Crosby*, Adolf Reinach's Discovery of the Social Acts, in: Aletheia 3 (1983), 143–194; *Kevin Mulligan*, Promisings and other Social Acts: Their Constituents and Structure, in: ders. (Hrsg.), Speech Act and Sachverhalt. Reinach and the Foundations of Realist Phenomenology, 1987, 29–90; *Klaus Hoffmann*, Reinach and Searle on Promising: A Comparison, ebd., 91–106; *Jean-Louis Gardies*, Adolf Reinach and the Analytic Foundations of Social Acts, ebd., 107–117; *James*

vor Austins Abhandlung *How to Do Things With Words* definierte Reinach den Begriff des „sozialen Akts" bereits als *spontanen* und *vernehmungsbedürftigen* Akt, der darüber hinaus *fremdpersonal* sein kann, aber nicht muss:[26]

> Wir bezeichnen die spontanen und vernehmungsbedürftigen Akte als *soziale* Akte. Daß nicht alle fremdpersonalen Akte vernehmungsbedürftig sind, haben wir bereits am Beispiele des Verzeihens gesehen. Wir werden später sehen, daß auch nicht alle vernehmungsbedürftigen Akte fremdpersonale sind. Einzig an der Vernehmungsbedürftigkeit wird der Begriff der sozialen Akte von uns orientiert.[27]

Reinach legt dabei zunächst großen Wert darauf, die Spontaneität des sozialen Akts, also den Ausdruck des den Akt vollziehenden Subjekts in der Außenwelt, von seiner Intentionalität und damit von jeglicher Art von Gerichtetheit des Bewusstseins des handelnden Subjekts abzugrenzen.[28] Vielmehr zielt Reinachs Definition des sozialen Akts zentral darauf, wie die Äußerung des Subjekts in der Außenwelt *verstanden* werden konnte, also – und hier kommen dem privatrechtlich geschulten Leser bereits §§ 133, 157 BGB in den Blick – auf den *Empfängerhorizont* und die damit verbundene essentielle Sozialität allen Rechtshandelns.[29] Dazu passt weiterhin Reinachs Insistenz auf der Vernehmungsbedürftigkeit des sozialen Akts durch den Adressaten, die eine spezifisch *sprachliche* Sozialität impliziert: Der soziale Akt muss von einem anderen Subjekt als dem Äußernden vernommen werden oder zumindest vernehmbar sein, um seine soziale Wirkung zu entfalten.

Damit ist die Brücke zur Sprachphilosophie geschlagen. Denn bei den Grundbegriffen, in denen Reinach sein rechtliches Apriori schließlich konkret beschreibt, handelt es sich durchweg um sogenannte performative Verben wie versprechen, bestimmen, befehlen oder akzeptieren, die auch bei John L. Austin im Zentrum der Theorie performativer Sprechakte stehen.[30] In der Tat sind einige Parallelen zwischen der von Sprachphilosophen in der Mitte des 20. Jahrhunderts entwickelten Sprechakttheorie einerseits und Reinachs Theorie der sprachlich definierten sozialen Akte andererseits so auffällig, dass sie die Frage nach einem direkten Einfluss

---

M. Brown, Reinach on Representative Acts, ebd., 119–131; *Barry Smith*, On the Cognition of States of Affairs, ebd., 189–225; *Armin Burkhard*, Soziale Akte, Sprechakte und Textillokutionen. A. Reinachs Rechtsphilosophie und die moderne Linguistik, 1986; *John F. Crosby*, Speech Act Theory and Phenomenology, in: ders. (Hrsg.), Adolf Reinach, The Apriori Foundations of the Civil Law, 2012, 167–191.
26 Zur Bedeutung und Kritik der Unterscheidung näher nachstehend bei Fn. 94.
27 *Reinach*, AGbR, in: Sämtliche Werke I, § 3, 159.
28 *Reinach*, AGbR, in: Sämtliche Werke I, § 3, 158 f. Zum phänomenologischen Begriff der Intentionalität vgl. *Zahavi*, Husserls Phänomenologie, 12 ff.
29 Zum phänomenologischen Horizontbegriff vgl. *Eva Geulen*, Horizont und Welt bei Blumenberg, in: Hannes Bajohr/Eva Geulen (Hrsg.), Blumenbergs Verfahren, 2022, 335–347.
30 Grundlegend *Austin*, How to Do Things With Words, 151–164.

Reinachs auf Austin aufwerfen.³¹ Reinachs Begriff des sozialen Akts nimmt geradezu Austins Definition der performativen Äußerung vorweg, wonach „etwas zu sagen" zugleich bedeutet, „etwas zu tun"; „to *say* something is to *do* something; or [...] *by* saying or *in* saying something we are doing something."³² Dasselbe gilt für Austins weitere Ausdifferenzierung dieser Ursprungsdefinition durch die Unterscheidung zwischen lokutionären, illokutionären und perlokutionären Akten. Innerhalb dieser Trias entspricht der soziale Akt Reinachs dem illokutionären Akt, also wiederum der Ausführung eines Aktes, *indem* man etwas sagt, im Gegensatz zur Ausführung des bloßen Aktes, *etwas* zu sagen: „The performance of an ‚illocutionary' act, i.e. performance of an act *in* saying something as opposed to performance of an act *of* saying something."³³ Nun folgt aus diesen offenkundigen Parallelen sicherlich weder, dass alle sozialen Akte Sprechakte sind, noch, dass alle Sprechakte als soziale Akte qualifiziert werden können, noch schließlich, dass alle Rechtsakte notwendigerweise entweder Sprechakte oder soziale Akte im Sinne Reinachs sind. Dennoch bietet sich die Sprechakttheorie Austins, von allen unbestreitbaren theoretischen Differenzen abgesehen, vor allem in zweifacher Hinsicht als Interpretationshilfe für Reinachs Rechtsphänomenologie an:³⁴

Zum einen zeigen Austins metaethische Überlegungen zu den Wahrheitsbedingungen performativer Sprechakte mit aller Schärfe die Grenzen der Wahrheitsfähigkeit rechtlicher Sprechakte auf. Während deklaratorische Sprechakte nach Austin wahr oder falsch sein können, können performative Sprechakte nur „glücken" oder „missglücken" (*be happy or unhappy*).³⁵ Sie sind, mit anderen Worten, nicht wahrheitsfähig, was Austins Sprechakttheorie in die Nähe nichtnaturalistischer metaethischer Positionen rückt, die von der fundamentalen Nichtreduzierbarkeit moralischer auf natürliche Tatsachen (und denen für diese geltenden Naturgesetze) ausgehen.³⁶ Austins Einsicht geht jedoch über den metaethischen Nichtnaturalismus hinaus, da seine Kategorie des Geglücktseins, die die Wahr-

---

31 Dazu *Mulligan*, Promisings and other Social Acts, 33f. mit Fn. 5.
32 *Austin*, How to Do Things With Words, 12.
33 *Austin*, How to Do Things With Words, 99f.
34 Zu den unterschiedlichen theoretischen Ansatzpunkten Reinachs und Austins vgl. *Mulligan*, Promisings and other Social Acts, 31: Während Reinachs Sprachkonzept auf eine Repräsentation des Bewusstseins abzielt, richtet sich die Sprechakttheorie der *ordinary language philosophy* gegen logizistische Sprachkonzeptionen.
35 *Austin*, How to Do Things With Words, 133: „(1) the performative should be doing something as opposed to just saying something; and (2) the performative is happy or unhappy as opposed to true or false."
36 Dazu *Michael Ridge*, Moral Non-Naturalism, in: The Stanford Encyclopedia of Philosophy (Fall 2019), hrsg. v. Edward N. Zalta, https://plato.stanford.edu/archives/fall2019/entries/moral-non-naturalism/.

heitskategorie im Bereich performativer Sprechakte verdrängt, selbst dort Vorrang beansprucht, wo Naturgesetze gelten und in ihrer Geltung anerkannt werden. Austin vermittelt damit einen Eindruck von der Fundamentalität des performativen Elements am Grunde jeder moralischen Handlung und jeglicher Normenordnung, egal wie sehr sich diese um Rationalität und naturgesetzliche Selbstreflektion bemüht. Reinach seinerseits formuliert eine ähnliche Intuition, indem er einerseits den Schluss des klassischen Naturrechts von der Vernunftnatur des Menschen auf die moralische Richtigkeit der darauf gegründeten Gesellschaftsverfassung als Zirkelschluss ablehnt – und dennoch geradezu aufreizend am epistemologischen Projekt des Naturrechts festhält, indem er es als apriorische Phänomenologie sozialer Performativität reformuliert. Für Reinach ist es ausdrücklich nicht die naturgesetzliche Wahrheit des Kontraktualismus, sondern vielmehr das performative Glücken des Vertragsschlusses, das die Bindungswirkung und normative Wirksamkeit des Vertrags begründet:

> Noch einen dritten Vorwurf pflegt man dem Naturrechte zu machen. Einer seltsamen Umkehrung soll es sich schuldig gemacht haben: Staat und Recht hat es aus Grundsätzen abgeleitet, welche Staat und Recht bereits zur Voraussetzung haben. [...] Weit entfernt, diesen Einwänden zuzustimmen, erblicken wir gerade in der hier erwähnten Tatsache einen tief berechtigten Grundgedanken des Naturrechtes. Wenn Hobbes und andere Naturrechtsphilosophen Verträge ansetzen und aus ihnen Ansprüche, Verbindlichkeiten und andere rechtliche Folgen ableiten, so sind sie dazu durchaus berechtigt. Denn diese Folgen gründen, wie wir gezeigt haben, *im Wesen der vollzogenen Akte* [...].[37]

Zum anderen sei gerade angesichts des Beispiels des Vertrags nochmals der Blick auf Austins Theorie der performativen Verben gerichtet, die sich besonders für einen produktiven Dialog mit Reinachs Privatrechtstheorie eignet.[38] Austin unterscheidet fünf Klassen von performativen Verben, die für eine Vielzahl sozialer Interaktionen konstitutiv sind, und umschreibt damit in anschaulicher Weise den weiteren Rahmen von Reinachs Apriori. So fasst Austin alle Verben, die semantisch mit entscheiden, verurteilen oder beurteilen zu tun haben, unter den Oberbegriff der *verdictives*.[39] Als *exercitives* bezeichnet er Ausdrücke für die Ausübung von Befugnissen, etwa ernennen, abstimmen, anordnen, beraten oder verwarnen.[40] Eine weitere wichtige Klasse für die vorliegende Fragestellung sind schließlich die von Austin so bezeichneten *commissives*: Sie verpflichten den Sprecher zu einer

---

37 *Reinach*, AGbR, in: Sämtliche Werke I, § 10, 274 f.; Hervorhebung hinzugefügt.
38 Vgl. bereits vorstehend Fn. 30.
39 *Austin*, How to Do Things With Words, 153 ff.
40 *Austin*, How to Do Things With Words, 155 ff.

Handlung und umfassen damit insbesondere den für Reinach zentralen Fall des Versprechens.[41]

Wie im Folgenden gezeigt werden soll, ruht das gesamte Gebäude von Reinachs privatrechtlichem Apriori auf einer Trias von drei performativen Verben, nämlich *versprechen, gehören* und *bestimmen. Versprechen* bildet in Reinachs Theorie die Grundlage des gesamten Obligationenrechts. Hinzu kommt *gehören* als Grundbegriff des Sachenrechts. Schließlich wird die Trias durch *bestimmen* vollendet, das die Rolle des positiven Rechts bezeichnet. Bei *versprechen* und *bestimmen* handelt es sich unzweifelhaft um performative Verben im Sinne Austins, bei denen man etwas *tut*, indem man etwas *sagt*. Was gilt aber für *gehören?* Hier scheinen die Kategorien des performativen Verbs und des sozialen Akts auf den ersten Blick nicht recht zu passen. *Gehören* erfordert weder einen Sprechakt, noch muss der Anspruch des Eigentümers von einem Adressaten vernommen, also „gehört" werden. *Gehören* kann etwas, wie Reinach ausführt, auch Robinson Crusoe auf der einsamen Insel:

> Es ist eine letzte, nicht weiter zurückführbare und in keine Elemente weiter auflösbare Beziehung zwischen Person und Sache, welche man als Gehörensbeziehung oder Eigentum bezeichnet. Sie kann sich auch da konstituieren, wo es kein positives Recht gibt. Wenn Robinson auf seinem Eiland sich allerlei Gegenstände herstellt, so gehören ihm diese Gegenstände.[42]

Gerade das Beispiel Robinsons auf der Insel zeigt indessen die irreduzible Sozialität der Eigentumsbeziehung. Das Leben Robinsons auf der einsamen Insel hätte nichts von dem Sinn, den ihm Daniel Defoe beilegt, wenn seine Existenz nicht gerade vor dem Hintergrund der Zivilisation gedacht würde, aus der er durch Schiffbruch unfreiwillig ausgeschieden ist.[43] Daher sind die Handlungen, mit denen Robinson sich Gegenstände herstellt, auch dann als eigentumsbegründende soziale Handlungen lesbar und bedeutungsvoll, wenn im konkreten Fall niemand zugegen ist, um sie zu wahrzunehmen. Denn Robinsons Existenz und Handeln auf der Insel ist nur vor dem Hintergrund des sozialen Apriori einer Zivilisation verständlich, die in der Lage ist, überhaupt ein intersubjektives Mein und Dein auszudrücken.[44] In einer

---

41 *Austin*, How to Do Things With Words, 157 ff. Der Vollständigkeit halber seien die beiden verbleibenden Klassen noch erwähnt: *behabitives* umfassen soziale Äußerungen wie entschuldigen, gratulieren oder kondolieren; *expositives* betreffen Äußerungen im Verlauf eines Gesprächs wie antworten, argumentieren, vermuten oder postulieren.
42 *Reinach*, AGbR, in: Sämtliche Werke I, § 5, 194.
43 *Daniel Defoe*, Robinson Crusoe, 1719.
44 Zu Eigentum als soziale Praxis und normatives Narrativ *Carol M. Rose*, Property and Persuasion. Essays on the History, Theory, and Rhetoric of Ownership, 1995; *Bart J. Wilson*, The primacy of property; or, the subordination of property rights, in: Journal of Institutional Economics 19 (2023),

solchen Zivilisation sprechen dann gute Gründe dafür, auch die durch bloße implizite soziale Akte des Eigenbesitzes bekräftigte Gehörensrelation als privatrechtliches Apriori im Sinne Reinachs anzusehen. Hinzu kommt ein weiteres, bestechendes Argument auf der Grundlage der Etymologie von *gehören:* Seinem unmittelbaren Wortsinn nach lässt sich *gehören* als sozialer Tatbestand deuten, der das Eigentum aus der Perspektive des *Objekts* beschreibt und mithin verwandt ist mit Formen performativer sozialer Akte, die absolute soziale Unterordnung bezeichnen, etwa Hörigkeit. Ebenso wie der Hörige dem Lehnsherrn hörig, also gewissermaßen verpflichtet ist, diesem ununterbrochen zuzuhören, falls dieser ruft und befiehlt, *ge-hört* die Sache dem Eigentümer. Man denke an den Sklaven im römischen Recht.

Damit schließt sich die Reihe der drei Reinachschen Grundbegriffe *versprechen*, *gehören* und *bestimmen* in einer sehr charakteristischen Weise. Jedes Glied dieser Trias hat seiner Etymologie nach unmittelbar etwas mit Stimme, Sprache, sprechen oder hören zu tun. *Ver-Sprechen* besagt wörtlich, dass das Versprechen etwas ist, was der Sprecher gegenüber dem Adressaten mit Worten bewirkt – und zwar, implizit im Präfix ver-, in einer signifikant doppeldeutigen Weise: Das *Versprechen* kann eine bindende Zusage und Grundlage künftigen Vertrauens sein oder ein missglückter Sprechakt, ein *Versprecher*, auf den ein anderer vergeblich vertraut. *Versprechen* ist damit geradezu der Prototyp eines performativen Verbs, das sich auf die Tätigkeit des Sprechens zu einer anderen Person bezieht, so dass durch die bloße Äußerung von Worten etwas entsteht, nämlich eine künftige Bindung und eine Rechtsfolge. Wo es ein Sprechen gibt, gibt es aber auch ein Hören: *Ge-hören*. Und schließlich das *Be-stimmen*, erneut wunderbar doppeldeutig: Einerseits mit der eigenen Stimme eine Sache bezeichnen, ihr einen Namen geben, andererseits die Sache selbst *stimmhaft* machen, so dass sie künftig eine *be-stimmte* Bedeutung besitzt – darin liegt für Reinach die Rolle des positiven Rechts. Es ist unwahrscheinlich, dass sich Reinach dieses auffälligen etymologischen Musters nicht bewusst war, das – obwohl er es an keiner Stelle eigens betont – seine gesamte Theorie durchzieht. Reinachs Theorie wirft damit schließlich weitere, tiefere Fragen auf, die hier nicht abschließend beantwortet werden können, etwa nach den linguistischen Universalien, die in solchen etymologischen Mustern zum Ausdruck kommen,[45]

251–267, 252: „Property – like grooming, tool-making, and story-telling – is a custom socially taught and learned each generation anew."

45 Dazu grundsätzlich *Noam Chomsky*, Aspects of the Theory of Syntax, 1965; *Joseph H. Greenberg* (Hrsg.), Universals of Language, 1963; *Cliff Goddard*, The Search for the Shared Semantic Core of All Languages, in: ders./Anna Wierzbicka (Hrsg.), Meaning and Universal Grammar. Theory and Empirical Findings, Bd. 1, 2002, 5–41.

nach vergleichbaren Mustern oder deren Abwesenheit in anderen Rechtssprachen sowie nach der Übersetzbarkeit von Rechtssprache und Rechtstheorie überhaupt.[46]

Um Reinachs drei zentrale performative Verben – *versprechen, gehören, bestimmen* – wird es in den nun folgenden drei Abschnitten gehen.

---

[46] Dazu *Lena Foljanty*, Rechtstransfer als kulturelle Übersetzung: Zur Tragweite einer Metapher, in: Kritische Vierteljahresschrift für Gesetzgebung und Rechtswissenschaft 98 (2015), 89–107.

II Versprechen: Obligation und relatives Recht

Das Versprechen, genauer gesagt der durch das performative Verb *versprechen* bezeichnete soziale Akt, steht im Zentrum von Reinachs Theorie des Schuldrechts und speziell des Vertragsrechts.[47] Nun konstruiert das deutsche Privatrecht das Zustandekommen von Verträgen gemäß §§ 145 ff. BGB bekanntlich mittels zweier übereinstimmender Willenserklärungen. Wie gelangt man nun aber vom einseitig bindenden Antrag oder Versprechen zum gültigen Vertrag? Oder noch grundsätzlicher gefragt: Warum ist ein Antrag, Versprechen oder sogar ein Vertrag überhaupt bindend?

Reinach stellt zunächst die Frage, wie eine bindende Obligation überhaupt entsteht – durch Vertragsschluss mittels übereinstimmender Willenserklärungen oder bereits durch das bindende Versprechen als solches.[48] Reinach bezieht dabei in konstruktiver Hinsicht einen klaren Standpunkt: Das Versprechen und nicht die Willenserklärung bildet die elementare Kategorie des Obligationenrechts. Denn einen bloßen Willen zu erklären ist kein performativer Akt. Die Erklärung, etwas zu wollen, ist eine reine Tatsachenerklärung. Dass der erklärte Wille auch geschehe, erfordert dagegen etwas anderes, nämlich eine mit der Erklärung angestrebte Performanz, die über die reine Willenserklärung hinausgeht. Genau diese Performanz liegt für Reinach im sozialen Akt des Versprechens. Die für den Vertragsschluss im BGB konstruktiv zentrale Willenserklärung bildet für Reinach also letztlich eine falsche positivrechtliche Einkleidung für die Entstehung der Obligation und die Bindungswirkung des wirksam geschlossenen Vertrags:

> Wir sehen jetzt klar, wie gänzlich schief und unhaltbar die übliche Auffassung des Versprechens als einer Vorsatz- oder Willensäußerung ist. Eine Willensäußerung lautet: Ich will. Sie kann sich an jemanden wenden, dann ist sie eine Mitteilung, ein sozialer Akt zwar, aber kein Versprechen. Und auch dadurch wird sie natürlich nicht zum Versprechen, daß sie sich an denjenigen wendet, in dessen Interesse das vorgesetzte Verhalten liegt. Das Versprechen ist weder Wille noch Äußerung des Willens, sondern es ist ein selbständiger spontaner Akt, der, nach außen sich wendend, in äußere Erscheinung tritt. [...] Nicht durch ohnmächtige Erklärungen des Willens konstituiert sich – wie man geglaubt hat – die Welt der rechtlichen Beziehungen, sondern durch die streng gesetzliche Wirksamkeit sozialer Akte.[49]

---

47 *Reinach*, AGbR, in: Sämtliche Werke I, § 2, 147 ff.; § 4, 169 ff.
48 Letzteres ähnelt der Vertragstheorie des Common Law, wo das Versprechen bei Vorliegen von *consideration* den Vertrag begründet; dazu *Arthur L. Corbin*, The Effect of Options on Consideration, in: Yale Law Journal 34 (1925), 571–590; *Lon L. Fuller*, Consideration and Form, in: Columbia Law Review 41 (1941), 799–824.
49 *Reinach*, AGbR, in: Sämtliche Werke I, § 3, 166; vgl. auch ebd., § 4, 184 f.; § 6, 208 f. sowie nachstehend bei Fn. 81.

Welche Konsequenzen hat diese Einsicht? Stellen wir die naheliegende Frage nach dem Verhältnis zwischen der von Reinach als a priori beschriebenen Struktur des bindenden Versprechens und dem positiven Recht, das den Vertragsschluss abweichend regelt, zunächst zurück.[50] Nur soviel vorab: Reinach hat keinerlei Problem damit, dass das positive Recht vielfach von den sozialen Akten, aus denen a priori Rechtsfolgen erwachsen, abweicht. Reinach nutzt seine Analyse aber, um einige Grundsatzfragen zu beleuchten, die sich auch für die positive Rechtsgestalt des Vertrags stellen. Drei seien hervorgehoben:

Erstens: Muss das Versprechen angenommen werden, um verbindlich zu werden?[51] Reinach verneint diese Frage klar. Wäre eine Annahme in Form eines weiteren Versprechens oder eines ähnlichen performativen Akts nötig, um das Versprechen wirksam werden zu lassen, entstünde ein unendlicher Regress immer weiterer gegenseitiger performativer Bekräftigungen. Daher muss das Versprechen seine Bindungskraft in sich selbst tragen, d. h. in seiner Performativität als solcher. Durch das Versprechen als solches drückt der Versprechende bereits aus, dass das, was er verspricht, gelten soll. Zwar gibt es bedingte Versprechen. Aber darum geht es hier nicht. Der wesentliche Punkt ist: Der Normalfall des unbedingten Versprechens hat den und nur den performativen Aussagesinn, dass das Versprochene gilt. Sonst wäre der Begriff des Versprechens sinnlos. Daher bedarf das Versprechen zur Herbeiführung seiner a priori bindenden Wirkung entgegen der positivrechtlichen Konstruktion des Vertrags im BGB keiner Annahme. Die Obligation, die aus dem Versprechen folgt, entsteht nach Reinach durch den einseitigen Akt des Versprechens selbst, ohne dass der Empfänger etwas dazutun müsste:

> Die Annahme eines Versprechens kann aber selbst kein Geloben oder Versprechen sein. Wir würden dann ja auch zu einem fehlerhaften Regressus in infinitum geführt, insofern dies Versprechen abermals der Annahme bedürfte usf. An diesem Punkte wird auch klar, wie ganz verschieden die angeführten angeblichen Analogien liegen. Bei ihnen handelt es sich darum, daß dem Adressaten des sozialen Aktes eine Verbindlichkeit zugemutet wird, und dazu bedarf es allerdings einer Bereiterklärung. Beim Versprechen aber nimmt der Adressant selbst eine Verbindlichkeit auf sich; auf seiten des Adressaten entstehen nur Ansprüche, und wir sehen nicht, daß es dazu eines sozialen Aktes von seiner Seite bedarf. Wir werden also sagen dürfen: Anspruch und Verbindlichkeit gründen in dem Versprechen als solchem.[52]

Zweitens folgen aus diesem Verständnis von Versprechen und Obligation Konsequenzen für deren Erfüllung, Verletzung und Beendigung. Nach Reinach gibt es a priori zwei Möglichkeiten, einen schuldrechtlichen Anspruch zum Erlöschen zu

---

50 Näher nachstehend bei Fn. 89 ff.
51 *Reinach*, AGbR, in: Sämtliche Werke I, § 4, 169 ff.
52 *Reinach*, AGbR, in: Sämtliche Werke I, § 4, 172.

bringen: Erfüllung und Verzicht.⁵³ Dabei unterscheidet Reinach zwischen dem Forderungsverzicht des Versprechensempfängers und dem Widerruf des Versprechens durch den Versprechenden selbst. Während die Möglichkeit des Verzichts im Wesen der Forderung begründet ist und dem Inhaber der Forderung unmittelbar zusteht, setzt der Widerruf durch den Versprechenden ein rechtliches *Können* voraus, das, wenn es nicht im Versprechen vorbehalten ist, dem Erklärenden vom Versprechensempfänger verliehen werden muss.⁵⁴ Diese Unterscheidung widerspiegelt eine weitere Grundstruktur des deutschen Privatrechts, nämlich die Trennung zwischen Verpflichtung und Verfügung.⁵⁵ Im Gegensatz zur Verpflichtung erfordert die Verfügung ein zusätzliches rechtliches Können des Verfügenden – die Verfügungsmacht. Und so liegt es auf der Hand, dass der Anspruchsinhaber durch Verzicht über sein Recht verfügen kann, nicht aber der Versprechende durch Widerruf über das Recht des Versprechensempfängers. Man sieht dabei nebenbei, auf welche Weise Reinachs Privatrechtstheorie erhellend wirken kann: Sie hebt das Grundgerüst der privatrechtlichen Mechanik wie mit einem Suchscheinwerfer aus seiner kontingenten positivrechtlichen Einkleidung heraus.

Drittens bleibt damit die entscheidende Frage: Warum sind Versprechen bindend? In der aktuellen angloamerikanischen Vertragstheorie ist diese Frage schlechthin zentral und umstritten.⁵⁶ Ökonomische Theorien des sogenannten *efficient breach* behaupten etwa, dass es keinen Grund gibt, ein Versprechen oder sogar einen wirksam geschlossenen Vertrag für kategorisch bindend zu halten.⁵⁷ Reinachs Antwort besteht in der Zurückweisung dreier alternativer Erklärungen,

---

53 *Reinach*, AGbR, in: Sämtliche Werke I, § 4, 172 ff.
54 *Reinach*, AGbR, in: Sämtliche Werke I, § 4, 174 f.
55 Näher nachstehend bei Fn. 79 ff.
56 Klassisch *Lon L. Fuller*, Consideration and Form, in: Columbia Law Review 41 (1941), 799, 806 ff.; *Charles Fried*, Contract as Promise. A Theory of Contractual Obligation, 2015; *Anthony T. Kronman*, A New Champion for the Will Theory, in: Yale Law Journal 91 (1981), 404–423. Vgl. aus der deutschen Debatte *Franz Bydlinski*, Privatautonomie und objektive Grundlagen des verpflichtenden Rechtsgeschäftes, 1967, 67 ff.; *Claus-Wilhelm Canaris*, Die Vertrauenshaftung im deutschen Privatrecht, 1971, 412 ff.; *Reinhard Singer*, Selbstbestimmung und Verkehrsschutz im Recht der Willenserklärungen, 1995, 45 ff., 55 ff.; *Claus-Wilhelm Canaris*, Wandlungen des Schuldvertragsrechts – Tendenzen zu seiner „Materialisierung", in: Archiv für die civilistische Praxis 200 (2000), 273, 279 f.
57 So zuerst *Robert L. Birmingham*, Breach of Contract, Damage Measures, and Economic Efficiency, in: Rutgers Law Review 24 (1970), 273–292; *Charles J. Goetz/Robert E. Scott*, Liquidated Damages, Penalties, and the Just Compensation Principle: Some Notes on an Enforcement Model and a Theory of Efficient Breach, in: Columbia Law Review 77 (1977), 554–594; *Richard A. Posner/Andrew M. Rosenfield*, Impossibility and Related Doctrines in Contract Law: An Economic Analysis, in: Journal of Legal Studies 6 (1977), 83–118. Zu einer aktuellen Variante (*dual performance hypothesis*) vgl. *Daniel Markovits/Alan Schwartz*, The Myth of Efficient Breach: New Defenses of the Expectation Interest, in: Virginia Law Review 97 (2011), 1939–2008.

warum Versprechen aus jeweils anderen Gründen als ihrer Versprechenseigenschaft als solcher bindend sein sollen. Zunächst wendet er sich gegen David Hume, der nominalistisch und konventionalistisch argumentiert hatte, dass Versprechen aufgrund des inneren Willens des Versprechenden bindend seien, weil durch gesellschaftliche Konvention die Verbindlichkeit eines solchen Willens definiert sei.[58] Dies lässt zwei Interpretationsmöglichkeiten zu. Entweder schlägt sich die soziale Konvention unmittelbar in der Absicht des Versprechenden nieder, ein bindendes Versprechen abgeben zu wollen, weil ein Versprechen nicht anders als konventionell bindend gedacht werden könne. Oder die Konvention verweist auf externe Gründe für die soziale Nützlichkeit bindender Versprechen, die sich der Versprechende zueigen macht. Man sieht indessen sofort, dass man sich mit beiden Argumentationsketten im Kreis dreht: Versprechen seien bindend, weil sie als bindend gewollt seien, was aber nur deswegen gelten soll, weil es sozial geboten sei, dass Versprechen bindend seien – also gelangt man wieder an den Ausgangspunkt, warum Versprechen überhaupt bindend sein sollen.

Genauso zirkulär ist auch die zweite Theorie, gegen die sich Reinach wendet, nämlich der psychologistische Ansatz seines Münchener Lehrers Theodor Lipps.[59] Auch Lipps führt die bindende Wirkung des Versprechens auf den inneren Willen des Versprechenden zurück, nur dass die Bindungswirkung hier nicht aus einer sozialen Konvention, sondern aus der psychischen Disposition des Versprechenden folgt, sich binden zu wollen. Auch dies ist jedoch zirkulär, weil aus dem bloßen Binden-Wollen gerade kein Binden-Sollen folgt. Zugleich zeigt Reinach hier deutlich die Grenzen aller psychologistischen Erkenntnistheorien auf. Diese bleiben letztlich in einem unüberwindbaren Subjektivismus gefangen, aus dem heraus keine Erklärung für die essentiell soziale Verbindlichkeit rechtlicher Akte und rechtlicher Zurechnungen möglich ist.

Bleibt schließlich eine dritte Theorie. Reinach exemplifiziert sie am Konsequentialismus eines weiteren Philosophen des späten 19. Jahrhunderts, Wilhelm Schuppe.[60] Anders als Hume und Lipps begründet Schuppe die Verbindlichkeit des Versprechens nicht mit dem inneren Bindungswillen des Versprechenden, sondern mit dem Vertrauen und möglichen Vertrauensschaden des Versprechensempfängers. Schuppe ist heute weitgehend in Vergessenheit geraten. Was jedoch keinesfalls

---

58 *Reinach*, AGbR, in: Sämtliche Werke I, § 4, 175 ff. unter Bezugnahme auf *David Hume*, Traktat über die menschliche Natur (A Treatise of Human Nature: Being an Attempt to Introduce the Experimental Method of Reasoning into Moral Subjects, 1739/40).
59 *Reinach*, AGbR, in: Sämtliche Werke I, § 4, 179 ff. unter Bezugnahme auf *Theodor Lipps*, Leitfaden der Psychologie, 2. Aufl. 1906 sowie *ders.*, Die ethischen Grundfragen. Zehn Vorträge, 2. Aufl. 1905.
60 *Reinach*, AGbR, in: Sämtliche Werke I, § 4, 183 ff. unter Bezugnahme auf *Wilhelm Schuppe*, Grundzüge der Ethik und Rechtsphilosophie, 1881.

in Vergessenheit geraten ist, ist das Vertrauensprinzip als anspruchsbegründendes Prinzip des Privatrechts.⁶¹ Wieder tut sich jedoch eine ähnliche Schwierigkeit auf: Warum soll aus dem faktischen Vertrauen immer schon ein Vertrauen-Dürfen folgen? Man verwickelt sich abermals in Zirkelschlüsse, wenn man sagt, geschützt sei das schutzwürdige Vertrauen in die Bindungswirkung des Versprechens, weil der Versprechende durch sein Versprechen einen Vertrauenstatbestand geschaffen habe. Insbesondere gelingt es einer Theorie wie derjenigen Schuppes nicht, die Relativität des durch das Versprechen begründeten Schuldverhältnisses zu erklären: Warum sollte sich ausgerechnet der Versprechensempfänger auf die Bindungswirkung des Versprechens verlassen dürfen, wenn er im konkreten Fall nicht vertraut und keinen Schaden erlitten hat? Und warum soll umgekehrt das möglicherweise berechtigte Vertrauen vertragsfremder Dritter, die in ihren Rechtsgütern geschädigt wurden, nicht geschützt werden?

> Nicht aus dem Sichverlassen auf die Äußerung erklärt sich die Verbindlichkeit, sondern aus der durch das Versprechen erzeugten Verbindlichkeit erklärt sich das Sichverlassen. Indem sich Schuppe darauf stützt, daß gerade der Versprechensempfänger sich auf das Versprechen verläßt, setzt er voraus, was er erklären will: die Verbindlichkeit des Versprechens.⁶²

Reinachs brillante Einsicht ist bei alledem, dass die Frage, wie die Verpflichtung aus dem Versprechen entsteht, nicht weiter argumentativ analysiert oder reduziert werden kann. Reinachs Apriori ist, wie man hier besonders deutlich erkennen kann, kein metaphysisches Zauberwerk, sondern schlicht eine Anwendung von Ockhams Rasiermesser: eine diskursive Reduktion, die die Vertragstheorie von der Suche nach weiteren Erklärungen für die Verbindlichkeit von Versprechen entlastet, wo keine gegeben werden können.⁶³ Reinachs Argumentation hat damit viel mit dem Bild Ludwig Wittgensteins gemein, wonach sich der Spaten zurückbiegt, wenn beim Graben der harte Fels erreicht ist – Wittgenstein beschreibt damit die Irreduzibilität dessen, was beim Regelfolgen vor sich geht: „Habe ich die Begründungen erschöpft, so bin ich nun auf dem harten Felsen angelangt, und mein Spaten biegt sich zurück. Ich bin dann geneigt zu sagen: ‚So handle ich eben'."⁶⁴ Oder, noch

---

61 Grundlegend *Claus-Wilhelm Canaris*, Die Vertrauenshaftung im deutschen Privatrecht, 1971.
62 *Reinach*, AGbR, in: Sämtliche Werke I, § 4, 185.
63 *Reinach*, AGbR, in: Sämtliche Werke I, § 6, 204: „Es ist ein Zeichen philosophischer Unbildung, Definitionen da zu verlangen, wo sie nicht möglich sind oder nichts zu leisten vermögen. [...] Es ist, wie Descartes vortrefflich bemerkt, vielleicht zu den hauptsächlichsten Irrtümern, die man in den Wissenschaften nur begehen kann, der derer zu zählen, die das definieren wollen, was sich nur erschauen läßt."
64 *Ludwig Wittgenstein*, Philosophische Untersuchungen, 1960, § 217, S. 386. Das Zitat beginnt wie folgt: „‚Wie kann ich einer Regel folgen?' – wenn das nicht eine Frage nach den Ursachen ist, so ist es

einmal mit Wittgenstein: „Wovon man nicht sprechen kann, darüber muss man schweigen."[65] In der Vertragstheorie trifft nun Wittgensteins Spaten genau dort auf festen Grund und wird zurückgebogen, wo keine weitere oder lediglich eine zirkuläre Begründung für die Verbindlichkeit von Verträgen gegeben werden kann. Dann folgt mit Reinach: Das Versprechen ist genau deshalb bindend, *weil* es ein *Versprechen* ist, oder präziser: weil der soziale Akt des Versprechens nur *als bindend* gedacht werden kann; andernfalls wäre die Rede vom Versprechen sinnlos. Reinachs Vertragstheorie liefert, mit anderen Worten, die bestmögliche *irreduzible* Interpretation der Entstehung der Verpflichtung aus dem Versprechen unter der Voraussetzung, dass so etwas wie ein Versprechen als performative soziale Praxis überhaupt existiert – selbst wenn dies bedeutet, dass es eine *Theorie* des Versprechens dann nur als Leerstelle geben kann:

> Wir geben, streng genommen, keine *Theorie* des Versprechens. Wir stellen ja nur den schlichten Satz auf, daß das Versprechen als solches Anspruch und Verbindlichkeit erzeugt. Man kann versuchen, und wir haben es versucht, durch aufklärende Analyse diesen Satz einsichtig zu machen. Ihn erklären zu wollen, hätte genau denselben Sinn wie der Versuch einer Erklärung des Satzes 1 x 1 = 1. Es ist die *Angst vor der Gegebenheit*, eine seltsame Scheu oder Unfähigkeit, Letztanschauliches ins Auge zu fassen und als solches anzuerkennen, welche eine unphänomenologisch gerichtete Philosophie bei diesem wie bei so vielen anderen, fundamentaleren Problemen zu haltlosen und schließlich abenteuerlichen Konstruktionen getrieben hat.[66]

Damit wird abschließend deutlich, worauf Reinachs apriorische Rechtslehre zielt: Sie postuliert weder transzendentale Erkenntnis- oder Wahrheitsbedingungen noch die Annahme eines Vorrangs der Erkenntnis vor der Erfahrung. Sie erfordert vielmehr nur, aber immerhin das Erfassen der elementaren, irreduziblen Elemente des menschlichen Bewusstseins und der menschlichen Spontaneität, die sich als Bedingung der Möglichkeit rechtlicher Sozialität nicht weiter hinterfragen lassen. Solche Grundbegriffe muss man nach Reinach ohne weitere Begründung akzeptieren, sobald – und daran erkennt man sie – das Verlangen nach weiterer Begründung in Zirkelschlüsse mündet und philosophische Scheinprobleme generiert. Dann ist nach Reinach der harte phänomenologische Untergrund der Erkenntnis erreicht, und der Spaten biegt sich zurück.

---

eine nach der Rechtfertigung dafür, daß ich *so* handle." – Und endet: „Erinnere dich, daß wir manchmal Erklärungen fordern nicht ihres Inhalts wegen, sondern der Form der Erklärung wegen. Unsere Forderung ist eine architektonische; die Erklärung eine Art Scheingesims, das nichts trägt."
65 *Ludwig Wittgenstein*, Tractatus logico-philosophicus, 1960, Textziffer 7, S. 83.
66 *Reinach*, AGbR, in: Sämtliche Werke I, § 4, 188.

III Gehören: Eigentum und absolutes Recht

Das zweite performative Verb, das für Reinach die Grundlagen des Privatrechts definiert, ist das *Gehören*. Die etymologische Korrelativität zwischen *Ver-Sprechen* und *Ge-Hören*, in der die gesamte Dualität von relativen Rechten zwischen Personen einerseits und absoluten Rechten an Sachen andererseits aufgehoben ist, zählt nach hier vertretener Auffassung zu den erhellendsten Eigenschaften von Reinachs Privatrechtstheorie. Aber kann es wirklich sinnvoll sein, das heutige Schuldrecht in einem etymologisch ausdrücklich nichtessentialistischen Sinne als ein „Recht des Sprechens" und das heutige Sachenrecht als ein „Recht des Hörens" zu konstruieren und daraus zu folgern, dass obligatorische und dingliche Rechte zwei inkommensurable Kategorien sind? Der Gedanke klingt auf den ersten Blick abenteuerlich.

Auf den zweiten Blick bietet er aber wiederum Anschlussmöglichkeiten an die aktuelle Diskussion. Denn die Unterscheidung zwischen relativen und absoluten Rechten steht – wiederum ausgehend von der angloamerikanischen Rechtstheorie – seit einiger Zeit unter Druck.[67] Einige Autoren meinen sogar, sie sei unter der Kritik des amerikanischen Rechtsrealismus sowie der daraus abgeleiteten „Bündeltheorie" des Eigentums längst kollabiert.[68] Nach der Bündeltheorie lassen sich Eigentum und andere absolute Rechte nicht kategoriell von relativen Rechten unterscheiden. Vielmehr gebe es nur und ausschließlich relative Rechte zwischen Personen, und Eigentumsrechte oder andere absolute dingliche Rechte seien nichts anderes als besonders umfangreiche „Bündel" solcher relativer Rechte gegen eine besonders große oder sogar unbestimmte Vielzahl von Anspruchsgegnern.[69] Die Begründung von Eigentumsrechten läuft nach dieser Auffassung auf die Rechtfer-

---

[67] Zur aktuellen Debatte etwa *Thomas W. Merrill/Henry E. Smith*, What Happened to Property in Law and Economics?, in: Yale Law Journal 111 (2001), 357–398; *Henry E. Smith*, Property as the Law of Things, in: Harvard Law Review 125 (2012), 1691–1726.

[68] *Thomas C. Grey*, The Disintegration of Property, in: J. Roland Pennock/John W Chapman (Hrsg.), Property. Nomos XXII, 1980, 69–85; *James E. Penner*, The Bundle of Rights Picture of Property, in: UCLA Law Review 43 (1996), 711–820. Grundlegend für die Kritik war *Wesley N. Hohfeld*, Some Fundamental Legal Conceptions as Applied in Judicial Reasoning, Teil 1, in: Yale Law Journal 23 (1913), 16–59; Teil 2, in: Yale Law Journal 26 (1917), 710–770.

[69] Im Hintergrund steht die Kritik des dinglichen Rechts als unmittelbares Recht an einer Sache (*right in rem*); dazu *Hohfeld*, Fundamental Legal Conceptions as Applied in Judicial Reasoning, in: Yale Law Journal 26 (1917), 710 ff.; *Albert Kocourek*, Rights in Rem, in: University of Pennsylvania Law Review 68 (1920), 322–336; *Arthur L. Corbin*, Jural Relations and their Classification, in: Yale Law Journal 30 (1921), 226–238; *Albert Kocourek*, Polarized and Unpolarized Legal Relations, in: Kentucky Law Journal 9 (1921), 131–138. Zur Unterscheidung zwischen Dinglichkeit und Absolutheit vgl. *Marietta Auer*, Der privatrechtliche Diskurs der Moderne, 2014, 94 ff.

tigung der ideologischen Absichten hinaus, die mit der Konstruktion dinglich imaginierter absoluter Rechte verbunden sind.

An dieser Stelle kommt nun wieder Reinach ins Spiel. Denn Reinach hält an der Unterscheidung zwischen relativen und absoluten Rechten nicht nur fest, sondern hält diesen Dualismus in direktem Widerspruch zur Eigentumskritik des Rechtsrealismus wiederum für a priori notwendig. Für rekonstruktive Projekte der modernen Eigentumstheorie ist es also interessant, sich Reinachs Argumente gegen die Bündeltheorie anzuhören. Ausgangspunkt ist der Begriff des absoluten Rechts, das üblicherweise als von der Rechtsordnung mit Wirkung gegenüber jedermann ausgestattetes und allseitig gegen rechtswidrige Eingriffe geschütztes Recht definiert wird.[70] Reinach sieht in dieser Definition jedoch eine Verwechslung am Werk. Wäre das absolute Recht nur dadurch gekennzeichnet, dass es allseitig geschützt ist, dann wäre es gerade *nicht* kategoriell von relativen Rechten zu unterscheiden.

Reinach hat dagegen eine andere, viel radikalere Vorstellung: Nach seiner Auffassung kann ein absolutes Recht nur ein solches sein, das *keinen* Anspruchsgegner hat. Das absolute Recht ist ein Recht des Inhabers in Bezug auf *sein eigenes Verhalten* im Umgang mit dem Gegenstand des Rechts.[71] Zwar folgen aus dem absoluten Recht unter Umständen allseitige Schutzansprüche gegen Dritte. Diese Sekundärebene darf jedoch nicht mit der Primärebene des absoluten Rechts verwechselt werden, die man sich als nichtrelationales Residualrecht vorstellen kann:

> Die Absolutheit von Rechten und Verbindlichkeiten bedeutet den *Mangel* jeglicher Gegnerschaft, nicht etwa deren *Universalität*, nicht also, daß die absolut genannten Rechte und Verbindlichkeiten *allen* Personen gegenüber bestehen im Gegensatze zu den obligatorischen, welche an eine *einzige* Person gebunden sind. [...] Absolute Rechte und Verbindlichkeiten mögen zumeist eine Person voraussetzen, von der sie abgeleitet sind; aber damit ist nicht gesagt, daß sie sich gegen diese Person *richten*. Es mag ferner sein, daß bei der Verletzung eines absoluten Rechts durch wen auch immer ein Anspruch auf Schadenersatz dem Verletzenden gegenüber entspringt; aber dieses relative Recht ist nicht identisch mit dem absoluten Rechte, welches vielmehr hier als seine Voraussetzung fungiert. Man könnte schließlich auch sagen – wiewohl wir eine solche Behauptung nicht ohne weiteres wagen würden –, daß ein Recht des Inhabers absoluter Rechte gegenüber allen Personen besteht, sein Recht zu achten und nicht zu verletzen. Wäre es selbst so, so würde das nicht besagen, daß die absoluten Rechte universale Rechte gegenüber allen Personen *sind*, sondern daß sie solche *zur Folge haben*. Gerade der

---

70 Vgl. etwa *Jürgen F. Baur/Rolf Stürner*, Sachenrecht, 18. Aufl. 2009, § 2 Rn. 2, S. 6.
71 *Reinach*, AGbR, in: Sämtliche Werke I, § 5, 189: „Mit der Absolutheit dieser Gebilde ist es gegeben, daß ihr Inhalt sich auf ein Eigenverhalten bezieht." Vgl. auch ebd., § 5, 190 f., 197 ff., 203; § 6, 205.

Zusammenhang, der hier in Anspruch genommen wird, setzt das Sein absoluter, das heißt durchaus gegnerloser Rechte voraus.[72]

Umgekehrt argumentiert: Da alle relativen Rechte per definitionem Beziehungen zwischen Personen beschreiben, können absolute Rechte nur als *Abwesenheit* jeglicher Beziehung zu einer anderen Person gedacht werden:

> Relative Ansprüche können beliebig lange existieren, wie wir gesehen haben; absolute Rechte auf eigenes Verhalten können sehr kurz existieren, wie ohne weiteres einzusehen ist. Aber ein wesentlicher Unterschied zwischen beiden ist, daß der Anspruch seinem Wesen nach etwas Vorläufiges, auf Erfüllung Abzielendes ist, das absolute Recht dagegen etwas Endgültiges, in sich Befriedigtes. Der Anspruch bedarf einer Erfüllung; das absolute Recht auf eigenes Handeln ist einer Erfüllung überhaupt nicht fähig. Es kann wohl von dem Inhaber selbst *ausgeübt* werden, aber es verlangt eine solche Ausübung nicht in dem Sinne, in welchem der Anspruch eine Erfüllung verlangt. Umgekehrt ist der Anspruch einer *Ausübung* nicht fähig. Es handelt sich ja nicht um eigenes, sondern um fremdes Verhalten. Bleibt dies Verhalten aus, so ist der Anspruch verletzt; aber es kann kein eigenes Verhalten das fremde ersetzen.[73]

Reinach geht damit über das gängige Verständnis von „Recht" hinaus, indem er die – letztlich begriffsjuristische – Ableitungsbeziehung zurückweist, wonach sich sowohl relative als auch absolute Rechte als gleichsam parallel gelagerte, konträre und abschließende Subkategorien unter den Oberbegriff des subjektiven Rechts subsumieren lassen.[74] Reinach veranschaulicht dagegen durch seine Sprachanalyse so einfach wie genial, dass relative und absolute Rechte ebenso inkommensurabel und dennoch aufeinander bezogen sind wie – genau: *sprechen* und *hören*. Geht es um ein relatives Recht, muss jemand *sprechen*, also ein Versprechen abgeben. Bei absoluten Rechten geht es dagegen nicht um das *Sprechen*, sondern um das *Hören*. Die Frage, warum ein absolutes Recht nicht eine Beziehung zu einer Person bezeichnen kann, ist letztlich ganz einfach zu beantworten: Diese Person müsste absolut hören und nicht sprechen. Das absolute Hören ist aber nichts für moderne Personen, sondern nur etwas für vormoderne Hörige oder eben für Dinge als die stummen Diener der Zivilisation. Und genau hier kommt Reinachs Begriff des Sachenrechts ins Spiel: Sachenrechte beziehen sich für Reinach unmittelbar auf Sachen, indem sie sich auf ein „*Verfahren* mit Sachen" beziehen.[75] Der unmittelbare Bezug zum Gegenstand,

---

72 *Reinach*, AGbR, in: Sämtliche Werke I, § 5, 190 f.
73 *Reinach*, AGbR, in: Sämtliche Werke I, § 5, 197.
74 Insoweit ähnelt Reinachs Analyse Hohfelds Dekonstruktion des subjektiven Rechts; vgl. vorstehend Fn. 68 f. m.w.N.
75 *Reinach*, AGbR, in: Sämtliche Werke I, § 5, 191.

den das Sachenrecht verkörpert, ist also die soziale Praxis der Herrschaft des Rechtsinhabers über die Sache.[76]

Nun bedeutet all das ausdrücklich nicht, dass das positive Recht nicht die Befugnis des Eigentümers zur Verfügung über die Sache – also die Herrschaftsbeziehung, die in der Performativität des Gehörens zum Ausdruck kommt – in vielfacher Hinsicht einschränken könnte. Im Gegenteil: Was Reinach bezweckt, ist zu zeigen, dass ein apriorisches – d. h. wiederum: argumentativ irreduzibles, basales – Verständnis von Eigentum und anderen absoluten Rechten nur und erst dann möglich ist, wenn man das Eigentumsrecht als *sozialen Akt des Gehörens*, verstanden als das unmittelbare Herrschaftsverhältnis zwischen Eigentümer und gehörender Sache, begreift. Konkret bedeutet dies: Eigentum ist (1) ein *nichtrelationales Residualrecht* des Eigentümers in Bezug auf das Eigentumsobjekt; (2) eine *Relation absoluter Herrschaft* des Eigentümers über das Objekt; (3) ein *sozialer Akt*, der in der nach außen erkennbaren Ausübung absoluter Herrschaft über das Eigentumsobjekt liegt; (4) ein *sprachlich performativer Akt* absoluter Unterwerfung, dessen Performativität in der Etymologie von *hören* verkörpert ist. Wesentlich ist, dass (3) und (4) wie bereits ausgeführt nicht voraussetzen, dass die soziale Bekräftigung der Eigentumsbeziehung von Dritten tatsächlich wahrgenommen wird, solange Eigentum als soziale Praxis überhaupt existiert. Eigentümer kann dann auch ein Robinson Crusoe sein, wenn er die sozial üblichen Handlungen ausführt, die seine absolute Herrschaft über die Objekte in seiner Eigentumssphäre begründen und nach außen hin performativ bekräftigen.

Aus alledem folgt mit Reinach mühelos, dass die Bündeltheorie des Eigentums keine basale Erklärung des Eigentums liefern kann, weil sie die multiplen Anspruchsrechte gegen Dritte, die sich aus der ursprünglichen Herrschaftsbeziehung zwischen dem Eigentümer und dem Objekt ergeben, mit dem absoluten Recht selbst verwechselt. Als ein weiteres Korollar folgt daraus, dass absolute Rechte und insbesondere das Eigentumsrecht unteilbar sind. Insbesondere folgt nach Reinach für die Konstruktion beschränkt dinglicher Rechte wie etwa Pfandrechte und Dienstbarkeiten, dass diese entgegen einer teils vertretenen Lesart keinesfalls als „Eigentumssplitter" gedacht werden dürfen, die beim Eigentümer ein genau um den konkreten Rechtssplitter vermindertes Resteigentum zurücklassen.[77] Vielmehr be-

---

[76] Gerade daraus ergibt sich die Anschlussfähigkeit Reinachs für moderne Eigentumstheorien, die darauf zielen, die soziale Bedeutung der dinglichen Sachzuordnung zu strukturieren und zu regulieren. Vgl. etwa *Anna di Robilant*, The Making of Modern Property. Reinventing Roman Law in Europe and its Peripheries, 1789–1950, 2023, 322 ff.
[77] Zur Diskussion („Eigentumssplittertheorie" versus „Vervielfältigungstheorie") *Volker Jänich*, Geistiges Eigentum – Eine Komplementärerscheinung zum Sacheigentum?, 2002, 241; *Auer*, Der privatrechtliche Diskurs der Moderne, 97.

kräftigt Reinach nachdrücklich den gegenteiligen Standpunkt, dass auch noch so weitreichende Belastungen des Eigentums nichts an dem zugrundeliegenden umfassenden Residualrecht des Eigentümers ändern:

> Freilich lehnen wir die häufige Formulierung ab, das Eigentum sei die *Summe* oder die *Einheit* aller Sachenrechte. [...] Wäre das Eigentum eine Summe oder Einheit von Rechten, so würde es durch die Abtretung eines dieser Rechte vermindert und würde durch die Abtretung der Gesamtheit aller Rechte aufgehoben werden, denn eine Summe verschwindet notwendig mit dem Verschwinden der sämtlichen Summanden. Nun sehen wir aber, daß eine Sache einer Person in genau derselben Weise weiter gehört, sie mag so viele Rechte abtreten als sie immer will; es hat überhaupt keinen Sinn, von einem *Mehr oder Weniger* des Gehörens zu reden. Die nuda proprietas besagt keineswegs nichts weiter, als daß ein Erlöschen der auf andere Personen übertragenen Rechte das Gehören „wiederaufleben" läßt; vielmehr *gehört* die Sache dem Eigentümer auch in der Zwischenzeit genau in demselben Sinne wie vorher und nachher. Man muß mit aller Bestimmtheit festhalten, daß das Eigentum kein Sachenrecht ist, sondern ein *Verhältnis* zu der Sache, in dem alle Sachenrechte gründen. Dies Verhältnis *bleibt in genauer Identität bestehen, auch wenn alle jene Rechte anderen Personen eingeräumt sind.* [...] Man redet mitunter von geteiltem Eigentum. Nun ist nichts klarer, als daß das *Eigentum selbst*, die Gehörensrelation, nicht geteilt werden kann, ebensowenig etwa wie die Relation der Identität oder der Ähnlichkeit. Nur wenn man das Eigentum aus den Sachenrechten *bestehen* lassen will, die in Wahrheit in ihm *gründen*, kann man dazu kommen, es in diese Rechte aufteilen zu wollen. Die im Gehören gründenden Rechte können freilich an beliebig viele Personen verteilt werden; und es ist ferner möglich, sie durch eine Auseinanderlegung ihres Inhalts in beliebig viele Rechte aufzulösen. Eine Teilung des *Gehörens selbst* aber ist evident unmöglich.[78]

Schließlich werfen Reinachs Ausführungen zum kategorialen Unterschied zwischen relativen und absoluten Rechten ein Schlaglicht auf die zugrundeliegende Konstruktion des dinglichen Rechtsgeschäfts als abstraktes Verfügungsgeschäft auf der Grundlage des Trennungs- und Abstraktionsprinzips.[79] Den zentralen Begriff der Verfügungsmacht bezeichnet Reinach als rechtliches *Können* und erkennt darin ebenfalls ein apriorisches Strukturprinzip des Privatrechts:

> Wir wissen, daß Rechte sich ebensowohl als absolute auf eigenes Verhalten, wie als relative auf fremdes Verhalten beziehen können. Wir scheiden auf das Strengste von ihnen das rechtliche *Können*, welches sich nur auf ein eigenes Verhalten beziehen kann. Ein Können dokumentiert sich darin, daß das Verhalten, auf das es sich bezieht, eine unmittelbare rechtliche Wirkung

---

[78] *Reinach*, AGbR, in: Sämtliche Werke I, § 5, 194 f. Auch dies ist für die gegenwärtige Eigentumstheorie anschlussfähig: Die soziale Bedeutung der Herrschaft über Ressourcen kann nur in ihrer *Gesamtheit* erfasst werden.
[79] Zur Bedeutung dieser Prinzipien *Baur/Stürner*, Sachenrecht, § 5 Rn. 40 ff., S. 55 ff. Aus vergleichender Perspektive *Yun-chien Chang*, Property Law. Comparative, Empirical, and Economic Analyses, 2023, 104 f.

erzeugt, z. B. Ansprüche oder Verbindlichkeiten entstehen läßt, modifiziert oder aufhebt. Dem Rechte dagegen, auch wo es als absolutes sich auf ein eigenes Verhalten bezieht, ist eine unmittelbare rechtliche Wirkung dieses Verhaltens durchaus *nicht* wesentlich; man denke nur an alle absoluten Sachenrechte. Erst der Begriff des rechtlichen Könnens erlaubt uns, den Ursprung der absoluten Rechte und Verbindlichkeiten und ihre Wanderung von Person zu Person zu verstehen.[80]

Man kann das so zuspitzen, dass Reinach damit das deutsche Modell der Übertragung von Rechten durch die Konstruktion eines abstrakten, vom kausalen Grundgeschäft gelösten Verfügungsaktes apriorisiert. Danach führt der obligatorische Kaufvertrag anders als in vielen anderen Rechtsordnungen als solcher keine Eigentumsübertragung herbei. Vielmehr bedarf es dazu eines gesonderten Verfügungsgeschäfts in Form des abstrakten und in seiner Wirksamkeit vom Kaufvertrag unabhängigen dinglichen Rechtsgeschäfts, das Reinach freilich entgegen der Konstruktion des BGB wiederum nicht als Willenseinigung auf der Grundlage übereinstimmender Willenserklärungen verstanden wissen will:

Gegen das Dogma von den „Willenserklärungen", durch die sich die rechtlichen Beziehungen konstituieren sollen, haben wir uns schon früher gewandt. Seine Haltlosigkeit ist nun nach jeder Richtung hin deutlich geworden. Konnte das Versprechen, welches auf ein späteres Verhalten des Versprechenden abzielt und einen auf dieses Verhalten gerichteten Willen zur Voraussetzung hat, mit der Äußerung dieses Willens verwechselt werden, so ist bei sozialen Akten, wie der Übertragung und der Einräumung, dem Verzicht und dem Widerruf, ein auf späteres Verhalten gehender Wille gar nicht vorhanden. Wie soll es überhaupt hier möglich sein, von einer Willenserklärung im strengen Sinne zu reden? Denkt man an einen etwaigen vorangehenden Willen zu übertragen oder zu verzichten? Aber man kann doch die Willenserklärung „ich will übertragen" oder „ich will verzichten" unmöglich mit der *Ausführung* dieses Willens, der Übertragung und dem Verzichte selbst, verwechseln.[81]

Warum aber ist es überhaupt sinnvoll, zwischen obligatorischem Vertrag und dinglichem Rechtsgeschäft zu trennen? Reinachs Argumentation ermöglicht es, sich mit dieser grundlegenden Strukturentscheidung des deutschen Privatrechts auseinanderzusetzen und in ihr ein weiteres Apriori des Rechtsdenkens zu erkennen. Der Sinn des Trennungs- und Abstraktionsprinzips liegt nicht in erster Linie in dem damit üblicherweise verbundenen Verkehrs- und Vertrauensschutzgedanken, sondern viel basaler darin, dass es zwischen Versprechen und Gehören eines *notwendigen, irreduziblen* Zwischenschritts in Form des *Könnens* oder der Verfügungsmacht bedarf:

---

[80] *Reinach*, AGbR, in: Sämtliche Werke I, § 6, 205.
[81] *Reinach*, AGbR, in: Sämtliche Werke I, § 6, 208 f.; zur Kritik bereits vorstehend bei Fn. 49.

Mit der Verbindlichkeit, einen sozialen Akt mit unmittelbarer rechtlicher Wirksamkeit zu vollziehen, ist kein auf denselben Inhalt gerichtetes rechtliches Können notwendig mitgegeben. Und: Durch die Verbindlichkeit, einen sozialen Akt mit unmittelbarer rechtlicher Wirksamkeit zu unterlassen, erfährt ein auf denselben Inhalt gerichtetes rechtliches Können keine Aufhebung oder Beschränkung.[82]

Mit anderen Worten: Aus dem Grundgeschäft folgt die Verpflichtung – das Übertragen-*Sollen*. Diese Verpflichtung kann jedoch – abgesehen von den Fällen des gutgläubigen Erwerbs, dessen Konstruktion sich wiederum nur unter der Voraussetzung des Trennungsprinzips auf der Ebene des positiven Rechts erschließt – nur dann erfüllt werden, wenn der Versprechende das versprochene Recht auch tatsächlich innehat, es ihm also *gehört* – und zum Übertragen-*Sollen* mithin das Übertragen-*Können* hinzutritt. Sonst gilt *nemo plus iuris transferre potest quam ipse habet*.[83] Es dürfte nicht verwundern, dass Reinach auch in dieser Parömie einen apriorischen Grundsatz des Rechtsdenkens erkennt.[84]

Schließlich taucht im Anschluss an Reinachs Ausführungen zur Übertragung des Eigentums und zur ebenfalls abstrakten Zession noch ein weiteres, auf den ersten Blick unverbundenes Thema auf: das Recht der Stellvertretung.[85] Den mit der Struktur des BGB vertrauten Leser mag das zunächst überraschen. Der Zusammenhang erschließt sich jedoch unmittelbar, wenn man sich nochmals die für das Sachenrecht ebenso wie für die Zession zentrale Bedeutung der Unterscheidung zwischen Verpflichtung und Verfügung vor Augen hält. Ein strukturanaloges Abstraktionsprinzip gilt auch im Stellvertretungsrecht der §§ 164 ff. BGB, wo bekanntlich zwischen Innen- und Außenverhältnis bzw. dem Auftrag als Grundgeschäft und der davon zu unterscheidenden Vollmachtserteilung zu trennen ist.[86] Der Unterschied entspricht erneut demjenigen zwischen *Sollen* und *Können*: Aus dem Innenverhältnis des Auftrags folgt der Grund für die Erteilung von Vertretungsmacht einschließlich eventueller Beschränkungen und Wirksamkeitshindernisse. Im Außenverhältnis gilt dagegen grundsätzlich die abstrakt erteilte Vertretungsmacht ohne die Beschränkungen aus dem Innenverhältnis.[87] Damit gilt im Stellvertretungsrecht ein entsprechendes Trennungs- und Abstraktionsprinzip wie

---

82 *Reinach*, AGbR, in: Sämtliche Werke I, § 7, 230. Der Absatz ist Reinach so wichtig, dass er im Original vollständig gesperrt gesetzt ist (hier weggelassen).
83 Zum englischen Pendant *nemo dat* (*nemo dat quod non habet*) vgl. Skelwith (Leisure) Ltd v Armstrong [2015] EWHC 2830 (Ch); [2016] Ch 345 per Newey J, 54; vergleichend auch *Chang*, Property Law, 262 f.
84 *Reinach*, AGbR, in: Sämtliche Werke I, § 5, 207.
85 *Reinach*, AGbR, in: Sämtliche Werke I, § 7, 222 ff.
86 *Werner Flume*, Allgemeiner Teil des Bürgerlichen Rechts, Bd. 2, 4. Aufl. 1992, § 50 1, S. 839 ff.
87 Näher *Flume*, Allgemeiner Teil des Bürgerlichen Rechts, § 50 1, S. 840 f.

im Zessions- und Sachenrecht, dessen übergreifende Formulierung Reinach schließlich neben allem anderen auch als hervorragenden Systematiker des damals jungen BGB ausweist:

> Die Vollmachtserteilung verleiht ein rechtliches Können, die Erteilung eines Auftrages nicht; auch dann nicht, wenn er angenommen wird. Aus dem angenommenen Auftrag entspringt ein Anspruch und eine Verbindlichkeit, aus der Vollmachtserteilung, auch wenn sie vom Gegner akzeptiert wird, niemals. Daß Mandat und Vollmacht oft zusammentreten, daß es in praxi zweifelhaft werden kann, ob das eine oder das andere oder auch beides vorliegt, ändert an der begrifflichen Verschiedenheit nicht das mindeste.[88]

---

[88] *Reinach*, AGbR, in: Sämtliche Werke I, § 7, 229. Erstmals formuliert wurde die Trennung von Auftrag und Vollmacht wohl von *Paul Laband*, Die Stellvertretung bei dem Abschluß von Rechtsgeschäften nach dem allgemeinen Deutschen Handelsgesetzbuch, in: Zeitschrift für das gesamte Handels- und Wirtschaftsrecht 10 (1866), 183–241; dazu *Flume*, Allgemeiner Teil des Bürgerlichen Rechts, § 50 1, S. 840.

IV Bestimmen: Positives Recht und das Erkenntnisziel der Rechtstheorie

Bei alledem ist bislang eine Frage offengeblieben: Wenn man wie Reinach von der Existenz apriorischer Strukturen des Rechtsdenkens ausgeht, die etwa auf der Ebene der Nichtannahmebedürftigkeit des Versprechens, der kategoriellen Verschiedenheit absoluter und relativer Rechte sowie der Unmöglichkeit der Verfügung über fremde Rechte liegen, wie verhält man sich dann zu der Tatsache, dass das positive Recht diese Sachverhalte vielfach abweichend von Reinachs Apriori regelt? Mit Reinachs Worten: „Wie kann man apriorische Gesetze mit dem Anspruch auf absolute Gültigkeit aufstellen wollen, wenn jedes positive Recht sich in den flagrantesten Widerspruch zu ihnen setzen kann?"[89] Wenn dies zutrifft, warum führen abweichende Regelungen des positiven Rechts dann nicht zur Widerlegung von Reinachs Theorie, und was kann in einem fundamental abweichend geregelten Rechtsumfeld dann noch deren Sinn sein?

Zur ersten Frage: Reinach ist in der Tat ausdrücklich der Auffassung, dass das positive Recht an vielen Stellen nicht nur vom sprachlichen Apriori des Rechts abweichen kann, sondern dies sogar muss.[90] So lässt er wie erwähnt keinen Zweifel daran, dass das positive Recht die Befugnisse des Eigentümers, mit der Sache nach Belieben zu verfahren, in vielen Fällen einschränken kann und dies sogar muss, gerade *weil* die soziale Performativität des Gehörens potentiell unbeschränkte Sachherrschaft impliziert. Reinachs Apriori entfaltet ausdrücklich keine normative Wirkung dafür, wie das positive Recht beschaffen sein *soll* und unterscheidet sich damit fundamental von jeglicher Art von Naturrecht, soweit dieses als außerrechtlicher Maßstab eines „richtigen Rechts" fungieren will.[91] Reinach steht in dieser Frage klar auf der Seite des Rechtspositivismus, ohne aber deswegen andererseits das positive Recht zu essentialisieren. Man kann Reinach sogar geradezu als den eigentlichen Positivisten unter den Rechtspositivisten bezeichnen, weil er durch seine Theorie ein Schlaglicht auf die fundamentale Konstruiertheit allen positiven Rechts wirft:[92]

> Die Funktion der Bestimmung ist es hier, die rechtlichen Gebilde, die infolge der apriorischen Gesetzmäßigkeiten erwachsen sind, zu vernichten, oder die gesetzmäßig ausgeschlossenen

---

89 *Reinach*, AGbR, in: Sämtliche Werke I, § 8, 239.
90 *Reinach*, AGbR, in: Sämtliche Werke I, § 8, 239 ff.; § 9, 252 ff.
91 *Reinach*, AGbR, in: Sämtliche Werke I, § 10, 271 ff.
92 *Reinach*, AGbR, in: Sämtliche Werke I, § 9, 261: „Positive Rechtsbestimmungen können ‚secundum leges', ‚praeter leges' und ‚contra leges' sein."

rechtlichen Gebilde aus eigener Kraft zu erzeugen. Die bestimmende Person wird sehr oft Grund haben, diese Machtvollkommenheit auszuüben. Trennen wir das wesenhafte Sein von dem – etwa unter ethischem oder Zweckmäßigkeits-Gesichtspunkte – an sich Seinsollenden, so braucht nicht unter allen Umständen das zweite mit dem ersten verknüpft zu sein. [...] Das Seinsollen ist dabei im weitesten Umfang zu nehmen. Nicht nur sittliche Werte im engeren Sinne, sondern auch das Nützliche, das Angenehme, das Förderliche u. dgl., alles was als Wert erscheinen kann, kann auch um seines Wertes willen als seinsollend erscheinen. Das an sich Seinsollende, welches der Existenz ermangelt, erhält sie hier, indem es zum bestimmungsgemäß Seinsollenden wird.[93]

Als Antwort auf die Frage, wie sich die Idee eines rechtlichen Apriori mit dessen fundamentaler Dispositivität durch abweichendes positives Recht vereinbaren lässt, verweist Reinach damit einmal mehr auf die Phänomenologie der performativen Rechtssprache: Wenn es dem Gesetzgeber freisteht, die Performativität des rechtlichen Apriori durch bloßes Fiat umzukehren, kann dies nur durch einen weiteren performativen sozialen Akt geschehen, nämlich durch eine *Bestimmung*, abgeleitet von *bestimmen* als dem dritten grundlegenden performativen Verb in Reinachs Theorie, das deren phänomenologischer Gestalt als sprachlich verfasstes Apriori des Rechts weitere Überzeugungskraft verleiht. Denn bestimmen ist etymologisch nicht nur mit „Stimme" verwandt, sondern auch mit einer Vielzahl normativer Begriffe wie stimmen, Stimmung oder Stimmigkeit, die auf Konsistenz, Harmonie oder Rechtfertigung hinweisen. Darüber hinaus führt wie bereits erwähnt auch im Fall von *be-stimmen* das Präfix be- zu einer charakteristischen Doppeldeutigkeit: Etwas *bestimmen* kann einerseits bedeuten, ein Objekt zu bezeichnen, zu klassifizieren oder zu benennen. Andererseits meint *bestimmen* aber auch stimmhaft machen, zum Sprechen bringen, zum Klingen bringen. Dies eignet sich schon fast als Theorie des positiven Rechts: Ein Gesetz zu erlassen bedeutet sowohl, ein bestimmtes Gesetzgebungsziel ins Auge zu fassen, als auch, dieses zum Sprechen zu bringen, ihm in der positiven Norm eine Stimme zu geben.

An der damit vollständig erschlossenen Trias von *versprechen*, *gehören* und *bestimmen* zeigen sich indessen auch die Grenzen der Leistungsfähigkeit von Reinachs Rechtstheorie. Sie zeigen sich genau dort, wo Reinach versucht, zwischen *bestimmen* und *befehlen* zu unterscheiden – nur beim Befehl handle es sich nämlich, wie er etwas überraschend ausführt, um einen fremdpersonalen sozialen Akt im engeren Sinne, während dies für die Bestimmung nicht gelte. Diese sei im Sinne der eingangs gegebenen Definition zwar ein *vernehmungsbedürftiger*, jedoch anders als das Versprechen oder der Befehl kein *fremdpersonaler* sozialer Akt, da die Be-

---

[93] *Reinach*, AGbR, in: Sämtliche Werke I, § 8, 248 f.

stimmung anders als jene nicht an einen konkreten Adressaten gerichtet sein müsse und damit das notwendige „personale Moment" entbehre:

> Es gibt weder Befehle noch Bestimmungen, welche rein innerlich verlaufen; vielmehr wenden sie sich stets an andere Personen, die Vernehmungsbedüftigkeit ist ihnen wesentlich. Aber während der Befehl zugleich notwendig ein fremdpersonaler Akt ist, ist das die Bestimmung nicht. Jeder Befehl setzt seinem Wesen nach eine Person oder einen Umkreis von Personen voraus, denen befohlen wird, genauso wie etwa das Versprechen oder die Einräumung. Aber in der Bestimmung liegt diese notwendige Beziehung auf fremde Personen nicht, ebensowenig wie etwa im Verzicht oder im Widerruf. Diese Akte sind im Vollzuge zwar an fremde Personen adressiert, in ihrem Gehalt aber steckt kein personales Moment. Während ich *stets einer Person* etwas verspreche oder befehle, verzichte ich schlicht auf einen Anspruch oder bestimme schlicht, daß etwas so sein soll.[94]

Nun führt diese Differenzierung zwischen vernehmungsbedürftigen und fremdpersonalen sozialen Akten Reinachs Theorie eines performativen juristischen Apriori allerdings in ein Dilemma – ganz abgesehen davon, dass man trefflich darüber streiten kann, inwieweit die Bestimmungen des positiven Rechts zu ihrer Wirksamkeit entgegen Reinachs Behauptung eben doch der sprachlichen Entäußerung gegenüber einem konkreten Adressatenkreis bedürfen. Das Dilemma lässt sich so formulieren: Einerseits folgt aus Reinachs Theorie, dass sich jede Entstehung rechtlichen Sinns auf performative Sprechakte zurückführen lässt oder in solchen jedenfalls wesentliche Grundlagen findet. Dann kann aber auch die Erschaffung des positiven Rechts keine Ausnahme darstellen. Dessen Struktur und Performanz muss dann ebenfalls auf den apriorischen Grundlagen performativer Rechtssprache beruhen. Andererseits bedeutet dies aber, dass sich Reinachs Behauptung, es gebe ein juristisches Apriori *jenseits* des positiven Rechts, das sich von diesem klar trennen lasse, gerade *nicht* halten lässt: Wenn die Phänomenologie des positiven Rechts letztlich auf dasselbe performative Substrat verweist wie das von Reinach identifizierte juristische Apriori, dann gibt es gerade *keine* Möglichkeit, beides zu trennen.

Reinach scheint dies zu ahnen und weicht der Konsequenz, eine performative Theorie des positiven Rechts vorlegen zu müssen, in sehr phänomenologischer Weise aus, indem er lediglich andeutet, welche Komplikationen eine Phänomenologie des positiven Rechts im Gegensatz zu einer solchen des basalen rechtlichen Apriori zu meistern hätte. So reicht eine einzelne Bestimmung für Reinach offenkundig nicht aus, um das Phänomen positiver Rechtsgeltung zu beschreiben. Vielmehr entfaltet sich das positive Recht als eine komplexe Architektur ineinandergreifender Bestimmungen, Befehle und Versprechen, die – in reizvollem Gegensatz

---

94 *Reinach*, AGbR, in: Sämtliche Werke I, § 8, 242.

zu zeitgenössischen rechtspositivistischen Ansätzen,[95] die solche Komplexitäten unterschlagen – nur gemeinsam die Normativität des positiven Rechtssystems begründen können, dabei zwischen abstrakt und konkret, selbstexekutierend und verkündungsbedürftig, legislativ und judikativ hin- und heroszillieren und in Schleifen immer wieder auf die ursprüngliche normbegründende Macht der das Apriori des Rechts tragenden Akteure in der normativ performativen Gesellschaft zurückverweisen:

> Es muß der Bestimmung ein anderer sozialer Akt vorausgegangen sein, des näheren ein Akt, welcher von denjenigen, in deren Person die Bestimmung wirksam werden soll, an den Bestimmenden adressiert sein muß. Die Macht, rechtliche Bestimmungen in fremden Personen durch Bestimmungen hervorzubringen, muß durch diese Personen allererst verliehen sein. Auch hier erweist sich der Akt des Versprechens als unzureichend.[96]

Aber beweist nicht gerade diese letztere Einsicht in die phänomenologische Undurchdringlichkeit des positiven Rechts die überlegene Erklärungskraft rechtspositivistischer Theorieentwürfe wie etwa der *Reinen Rechtslehre* Hans Kelsens, der bekanntlich behauptet, dass nur positives Recht gültiges Recht und tauglicher Gegenstand der Rechtswissenschaft sei?[97] Anders gefragt: Was bleibt von Reinachs Apriori in einer rechtlichen Lebenswelt, in der das Apriori des Versprechens, Gehörens und Bestimmens schon nach Reinachs *eigener* Theorie weitgehend von der nur noch fraktal zu durchschauenden normativen Performativität des positiven Rechts überformt ist? Muss man in einer solchen Welt nicht Kelsenianer werden und auch die Rechtstheorie ausschließlich im positiven Recht verorten? Reinachs bis heute überzeugende Antwort lautet nein; und es gelingt ihm dabei nicht nur, eine fundamentale Schwäche der *Reinen Rechtslehre* offenzulegen, sondern zugleich zu zeigen, wie moderne Rechtstheorie die Grenzen des positiven Rechts transzendieren kann, ohne sich deswegen in den Registern des Naturrechts oder der empirischen Realwissenschaften zu vergreifen.

Reinachs Phänomenologie performativer Rechtsakte zeigt, dass Kelsen einem Kurzschluss unterliegt, indem dieser aus der neukantianischen Prämisse der *Reinen Rechtslehre*, dass nur positives Recht gültiges Recht sei, folgert, dass es darüber hinaus keinen tauglichen Gegenstand der Rechtswissenschaft geben könne. Reinach formuliert demgegenüber eine bestandskräftige Theorie eines performativen Apriori rechtlicher Handlungen, die nicht nur äußerst voraussetzungsarm vorgeht,

---

95 Vgl. nur *John Austin*, The Province of Jurisprudence Determined, 1832; *Hans Kelsen*, Reine Rechtslehre, 2. Aufl. 1960.
96 *Reinach*, AGbR, in: Sämtliche Werke I, § 8, 247.
97 *Kelsen*, Reine Rechtslehre, 1: „die Rechtswissenschaft von allen ihr fremden Elementen befreien."

sondern es darüber hinaus erlaubt, *konkrete* Arbeit am juristischen Argument in Bereichen wie der Vertrags- und Eigentumstheorie zu leisten. Man muss kein Sprachphilosoph sein, um zu sehen, dass der besondere Reiz, den Reinachs Theorie zu bieten hat, dabei nicht in einem Mehr, sondern in einem *Weniger* an Metaphysik im konkreten theoretischen Argument liegt – jedenfalls weniger, als Kelsens bekannte Theoriebausteine, die Theorie der Grundnorm sowie die Lehre vom Stufenbau der Rechtsordnung, voraussetzen.[98] Nochmals zusammengefasst: Reinach *entlastet* die Vertragstheorie von der Suche nach nichtabschließbaren, zirkulären Begründungen dafür, warum Verträge bindend sind. Genauso *entlastet* er die Eigentumstheorie von der Suche nach immer weiteren Begründungen dafür, dass absolute Rechte nicht nur Bündel von relativen Rechten, sondern in ihrer Dinglichkeit unmittelbar sozial wirksam sind. All dies ist weder vom Standpunkt rechtspositivistischer, noch rechtsidealistischer, noch schließlich rechtsrealistischer Theorieansätze ohne weiteres einsehbar. Verborgenes sichtbar, nämlich *erschaubar* zu machen, sollte jedoch dem ausdrücklichen Wortsinn nach der Anspruch von Theorie sein. Diesen Anspruch löst Reinachs Phänomenologie ein.

---

[98] *Kelsen*, Reine Rechtslehre, 196 ff., 228 ff. Zum Privatrecht hat Kelsen ohnehin wenig zu sagen; vgl. ebd., 284 ff. Reinachs Kritik am mathematischen Formalismus David Hilberts lässt sich auch gegen den Formalismus der *Reinen Rechtslehre* wenden; vgl. *Reinach*, Über Phänomenologie, in: Sämtliche Werke I, 535 ff.

V Eine Ontologie, um alle Ontologismen zu beenden

Ziel der vorliegenden Abhandlung war es, Reinachs Phänomenologie des privatrechtlichen Apriori als Theorie juristischer Sinnentstehung auf der Grundlage fundamentaler performativer Sprechakte zu rekonstruieren. Zu zeigen war, wie es Reinach gelingt, auf der Grundlage der drei performativen Verben *versprechen*, *gehören* und *bestimmen* jeweils die Bedeutungszusammenhänge eines ganzen Rechtsgebiets zu erschließen: das Obligationenrecht auf der Grundlage des Versprechens, das Sachenrecht als Ausfluss des Gehörens und die Begründung der gesamten positiven Rechtsordnung als Folge des Bestimmens.

Was Reinach zu alledem zu sagen hat, zeigt alle Kennzeichen guter Philosophie. Reinach stellt Fragen bis genau zu dem Punkt, an dem keine weiteren Begründungen mehr gegeben werden können, und er verzichtet konsequent darauf, über diesen Punkt hinaus metaphysische Spekulationen anzustellen. Die vielleicht wichtigste Lektion aus Reinachs Theorie lautet, dass Metaphysik in der Theoriebildung, auch wenn sie sich letztlich nicht vermeiden lässt, jedenfalls dort *verzichtbar* sein sollte, wo sie nicht mehr weiter *hinterfragbar* ist. Mit anderen Worten: Selbst wenn eine metaphysische Fundierung von Ontologie und Epistemologie letztlich unvermeidlich ist – was Reinach vermutlich einräumen würde –, sollte man bereit sein, mit dem Theoretisieren genau dort aufzuhören, wo aus Ontologie Ontologismus, aus Form Formalismus und aus Dogmatik Dogmatizismus wird:

> So zweifellos auch die Freiheit der Bestimmung den Seinsgesetzen gegenüber ist und so sehr auch eine *richtige* Bestimmung von dem Seienden zugunsten des Seinsollenden abweichen muß, so häufig ist doch auf der anderen Seite eine gewisse *Unfreiheit* der bestimmenden Subjekte, eine Tendenz, an dem Seienden festzuhalten, auch wo es nicht das Seinsollende ist, eine *Unfähigkeit* oder *Unentschlossenheit*, kraft eigener wirksamer Bestimmung das Seinsollende an Stelle des an und für sich Seienden zum Seienden zu machen. Diese Erscheinung gehört in die Sphäre dessen, was man als „Formalismus" im positiven Recht zu bezeichnen pflegt. Um sie von den mancherlei anderen Erscheinungen zu scheiden, die diesen Namen mit besserem Rechte tragen, wollen wir von einem „Ontologismus" reden, der sich überall kundgibt, wo in der positiven Rechtsentwicklung an dem wesensgesetzlich Seienden – auch wenn es nicht sein soll – festgehalten wird.[99]

Reinach zeigt mit zeitloser Gültigkeit, wann in der Rechtstheorie keine weiteren Begründungen mehr gegeben werden können, wann der Spaten auf harten Fels trifft und wann der opake metaphysische Untergrund kein weiteres Graben mehr

---

[99] *Reinach*, AGbR, in: Sämtliche Werke I, § 9, 261 f.; vgl. auch ebd., § 9, 265; § 10, 272.

erlaubt. Die Stärke seiner Rechtstheorie resultiert gerade daraus, dass er *nicht* in die Falle des mit sämtlichen verfügbaren Theoriealternativen – Rechtspositivismus, Rechtsidealismus oder Rechtsrealismus – verbundenen metaphysischen Ballasts geht. Dies macht seine Theorie geradezu aufreizend modern und für alle drei konkurrierenden Theorielager zu einer Herausforderung: Für die Rechtspositivisten, die behaupten, dass nur das positive Recht existiert und man folglich nur über das positive Recht rechtswissenschaftlich nachdenken dürfe; für die Naturrechtler, die im Gegenteil dazu ein außerrechtliches Sollen und dessen Systematizität essentialisieren; und schließlich für die Rechtsrealisten, die dasselbe mit der kontingenten sozialen Realität des Rechts tun. All dies sind für Reinach Ontologismen und letztlich wissenschaftstheoretische Fehlschlüsse. Reinachs Ontologie des sprachlichen Apriori des Rechts ist eine Ontologie, um alle Ontologismen zu beenden.

Literatur

Auer, Marietta (2014), Der privatrechtliche Diskurs der Moderne, Tübingen: Mohr Siebeck.
Auer, Marietta (2021), Politische Theologie als Rechtswissenschaftstheorie. Kommentar zu Jean-François Kervégan, in: RPhZ 7, S. 131–140.
Auer, Marietta (2024), A Genealogy of Private Law Epistemologies, in: Thilo Kuntz/Paul B. Miller (Hrsg.), Methodology in Private Law Theory: Between New Private Law and Rechtsdogmatik, Oxford: Oxford University Press, S. 3–24.
Auer, Marietta/Miller, Paul B./Smith, Henry E./Toomey, James (Hrsg.), Reinach and the Foundations of Private Law, Cambridge: Cambridge University Press, im Erscheinen.
Austin, John (1832), The Province of Jurisprudence Determined, London: John Murray.
Austin, John L. (1975), How to Do Things With Words, hrsg. v. James O. Urmson/Marina Sbisà, 2. Aufl., Cambridge/MA: Harvard University Press.
Baltzer-Jaray, Kimberly (2016), Phenomenological Jurisprudence: A Reinterpretation of Reinach's Jahrbuch Essay, in: J. Edward Hackett/J. Aaron Simmons (Hrsg.), Phenomenology for the Twenty-First Century, London u. a.: Palgrave Macmillan, S. 117–137.
Baltzer-Jaray, Kimberly (2021), Bogged Down in Ontologism and Realism: The Phenomenology of Adolf Reinach, in: Rodney K. B. Parker (Hrsg.), The Idealism-Realism Debate among Edmund Husserl's Early Followers and Critics, Cham: Springer Nature, S. 151–171.
Baur, Jürgen F./Stürner, Rolf (2009), Sachenrecht, 18. Aufl., München: C.H. Beck.
Birmingham, Robert L. (1970), Breach of Contract, Damage Measures, and Economic Efficiency, in: Rutgers Law Review 24, S. 273–292.
Brown, James M. (1987), Reinach on Representative Acts, in: Kevin Mulligan (Hrsg.), Speech Act and Sachverhalt. Reinach and the Foundations of Realist Phenomenology, Dordrecht: Kluwer, S. 119–131.
Burkhard, Armin (1986), Soziale Akte, Sprechakte und Textillokutionen. A. Reinachs Rechtsphilosophie und die moderne Linguistik, Berlin/New York: Max Niemeyer.
Bydlinski, Franz (1967), Privatautonomie und objektive Grundlagen des verpflichtenden Rechtsgeschäftes, Wien/New York: Springer.
Canaris, Claus-Wilhelm (1971), Die Vertrauenshaftung im deutschen Privatrecht, München: C.H. Beck.
Canaris, Claus-Wilhelm (2000), Wandlungen des Schuldvertragsrechts – Tendenzen zu seiner „Materialisierung", in: Archiv für die civilistische Praxis 200, S. 273–364.
Chang, Yun-chien (2023), Property Law. Comparative, Empirical, and Economic Analyses, Cambridge: Cambridge University Press.
Chomsky, Noam (1965), Aspects of the Theory of Syntax, Cambridge/MA: M.I.T. Press.
Corbin, Arthur L. (1921), Jural Relations and their Classification, in: Yale Law Journal 30, S. 226–238.
Corbin, Arthur L. (1925), The Effect of Options on Consideration, in: Yale Law Journal 34, S. 571–590.
Crosby, John F. (1983), Adolf Reinach's Discovery of the Social Acts, in: Aletheia 3, S. 143–194.
Crosby, John F. (2012), Speech Act Theory and Phenomenology, in: Adolf Reinach, The Apriori Foundations of the Civil Law. Along with the lecture, „Concerning Phenomenology", hrsg. v. John F. Crosby, Frankfurt am Main: Ontos Verlag, S. 167–191.
Defoe, Daniel (1719), The Life, and Strange Surprizing Adventures of Robinson Crusoe, of York, Mariner: Who lived Eight and Twenty Years all alone in an un-inhabited Island on the Coast of America, near the Mouth of the Great River of Oronooque; Having been cast on Shore by Shipwreck, wherein all the Men perished but himself. With an Account how he was at last as strangely deliver'd by Pyrates. Written by Himself. London: W. Taylor.

Di Robilant, Anna (2023), The Making of Modern Property. Reinventing Roman Law in Europe and its Peripheries, 1789–1950, Cambridge: Cambridge University Press.

DuBois, James/Smith, Barry (2018), Adolf Reinach, in: The Stanford Encyclopedia of Philosophy, hrsg. v. Edward N. Zalta, https://plato.stanford.edu/archives/fall2018/entries/reinach/.

Duxbury, Neil (1991), The Legal Philosophy of Adolf Reinach, in: Archiv für Rechts- und Sozialphilosophie 77, Teil 1: S. 314–347, Teil 2: S. 466–492.

Flume, Werner (1992), Allgemeiner Teil des Bürgerlichen Rechts. Zweiter Band: Das Rechtsgeschäft, 4. Aufl., Heidelberg: Springer.

Foljanty, Lena (2015), Rechtstransfer als kulturelle Übersetzung: Zur Tragweite einer Metapher, in: Kritische Vierteljahresschrift für Gesetzgebung und Rechtswissenschaft 98, S. 89–107.

Fried, Charles (2015), Contract as Promise. A Theory of Contractual Obligation, 2. Aufl., Oxford: Oxford University Press.

Fuller, Lon L. (1941), Consideration and Form, in: Columbia Law Review 41, S. 799–824.

Funke, Andreas (2004), Allgemeine Rechtslehre als juristische Strukturtheorie, Tübingen: Mohr Siebeck.

Gardies, Jean-Louis (1987), Adolf Reinach and the Analytic Foundations of Social Acts, in: Kevin Mulligan (Hrsg.), Speech Act and Sachverhalt. Reinach and the Foundations of Realist Phenomenology, Dordrecht: Kluwer, S. 107–117.

Geulen, Eva (2022), Horizont und Welt bei Blumenberg, in: Hannes Bajohr/Eva Geulen (Hrsg.), Blumenbergs Verfahren. Neue Zugänge zum Werk, Göttingen: Wallstein, S. 335–347.

Goddard, Cliff (2002), The Search for the Shared Semantic Core of All Languages, in: ders./Anna Wierzbicka (Hrsg.), Meaning and Universal Grammar. Theory and Empirical Findings, Bd. 1, Amsterdam: John Benjamins, S. 5–41.

Goetz, Charles J./Scott, Robert E. (1977), Liquidated Damages, Penalties, and the Just Compensation Principle: Some Notes on an Enforcement Model and a Theory of Efficient Breach, in: Columbia Law Review 77, S. 554–594.

Greenberg, Joseph H. (1963) (Hrsg.), Universals of Language, Cambridge/MA: M.I.T. Press.

Grey, Thomas C. (1980), The Disintegration of Property, in: J. Roland Pennock/John W Chapman (Hrsg.), Property. Nomos XXII, New York: New York University Press, S. 69–85.

Heidegger, Martin (1995), Über das Prinzip „Zu den Sachen selbst", in: Parvis Emad/Friedrich-Wilhelm von Herrmann/Kenneth Maly (Hrsg.), The New Onset of the Thinking of Being, Heidegger Studies/Heidegger Studien/Etudes Heideggeriennes, Berlin: Duncker & Humblot, S. 5–8.

Hoffmann, Klaus (1987), Reinach and Searle on Promising: A Comparison, in: Kevin Mulligan (Hrsg.), Speech Act and Sachverhalt. Reinach and the Foundations of Realist Phenomenology, Dordrecht: Kluwer, S. 91–106.

Hohfeld, Wesley Newcomb (1913), Some Fundamental Legal Conceptions as Applied in Judicial Reasoning, in: Yale Law Journal 23, S. 16–59.

Hohfeld, Wesley Newcomb (1917), Fundamental Legal Conceptions as Applied in Judicial Reasoning, in: Yale Law Journal 26, S. 710–770.

Holzhey, Helmut/Röd, Wolfgang (2004), Die Philosophie des ausgehenden 19. und des 20. Jahrhunderts 2: Neukantianismus, Idealismus, Realismus, Phänomenologie, München: C.H. Beck.

Hume, David (1739/40), A Treatise of Human Nature: Being an Attempt to Introduce the Experimental Method of Reasoning into Moral Subjects, London: John Noon.

Husserl, Edmund (1910/11), Philosophie als strenge Wissenschaft, in: Logos. Internationale Zeitschrift für Philosophie der Kultur 1, S. 289–341.

Husserl, Edmund (1929), Formale und Transzendentale Logik. Versuch einer Kritik der logischen Vernunft, Halle: Max Niemeyer.

Husserl, Edmund (1975), Logische Untersuchungen. Erster Band: Prolegomena zur reinen Logik, hrsg. v. Elmar Holenstein, Husserliana Bd. 18, Den Haag: Martinus Nijhoff.
Ingarden, Roman (1965), Der Streit um die Existenz der Welt, 2 Bde., Tübingen: Max Niemeyer.
Jänich, Volker (2002), Geistiges Eigentum – Eine Komplementärerscheinung zum Sacheigentum?, Tübingen: Mohr Siebeck.
Kelsen, Hans (1960), Reine Rechtslehre, 2. Aufl., Wien: Franz Deuticke.
Kocourek, Albert (1920), Rights in Rem, in: University of Pennsylvania Law Review 68, S. 322–336.
Kocourek, Albert (1921), Polarized and Unpolarized Legal Relations, in: Kentucky Law Journal 9, S. 131–138.
Kronman, Anthony T. (1981), A New Champion for the Will Theory, in: Yale Law Journal 91, S. 404–423.
Laband, Paul (1866), Die Stellvertretung bei dem Abschluß von Rechtsgeschäften nach dem allgemeinen Deutschen Handelsgesetzbuch, in: Zeitschrift für das gesamte Handels- und Wirtschaftsrecht 10, S. 183–241.
Larenz, Karl (1991), Methodenlehre der Rechtswissenschaft, 6. Aufl., Berlin/Heidelberg: Springer.
Lipps, Theodor (1905), Die ethischen Grundfragen. Zehn Vorträge, 2. Aufl., Hamburg/Leipzig: Leopold Voß.
Lipps, Theodor (1906), Leitfaden der Psychologie, 2. Aufl., Leipzig: Wilhelm Engelmann.
Loidolt, Sophie (2010), Einführung in die Rechtsphänomenologie. Eine historisch-systematische Darstellung, Tübingen: Mohr Siebeck.
Markovits, Daniel/Schwartz, Alan (2011), The Myth of Efficient Breach: New Defenses of the Expectation Interest, in: Virginia Law Review 97, S. 1939–2008.
Merrill, Thomas W./Smith Henry E. (2001), What Happened to Property in Law and Economics?, in: Yale Law Journal 111, S. 357–398.
Moore, George Edward (1903), Principia Ethica, Cambridge: Cambridge University Press.
Mulligan, Kevin (1987), Promisings and other Social Acts: Their Constituents and Structure, in: ders. (Hrsg.), Speech Act and Sachverhalt. Reinach and the Foundations of Realist Phenomenology, Dordrecht: Kluwer, S. 29–90.
Paulson, Stanley L. (1987), Demystifying Reinach's Legal Theory, in: Kevin Mulligan (Hrsg.), Speech Act and Sachverhalt. Reinach and the Foundations of Realist Phenomenology, Dordrecht: Kluwer, S. 133–154.
Penner, James E. (1996), The Bundle of Rights Picture of Property, in: UCLA Law Review 43, S. 711–820.
Posner, Richard A./Rosenfield, Andrew M. (1977), Impossibility and Related Doctrines in Contract Law: An Economic Analysis, in: Journal of Legal Studies 6, S. 83–118.
Reinach, Adolf (1913/1989), Die Apriorischen Grundlagen des bürgerlichen Rechtes, in: Karl Schuhmann/Barry Smith (Hrsg.), Adolf Reinach. Sämtliche Werke. Textkritische Ausgabe in 2 Bänden, Bd. 1, München/Hamden/Wien: Philosophia, S. 141–278; ursprünglich in: Jahrbuch für Philosophie und phänomenologische Forschung 1, 2. Teilband (1913), S. 685–847.
Reinach, Adolf (1914/1989), Über Phänomenologie, in: Karl Schuhmann/Barry Smith (Hrsg.), Adolf Reinach. Sämtliche Werke. Textkritische Ausgabe in 2 Bänden, Bd. 1, München/Hamden/Wien: Philosophia, S. 531–550.
Reinach, Adolf (1983/2012), The Apriori Foundations of the Civil Law. Along with the lecture, „Concerning Phenomenology", hrsg. v. John F. Crosby, Frankfurt am Main: Ontos Verlag; ursprünglich in: Aletheia 3 (1983), S. 1–142.
Ridge, Michael (2019), Moral Non-Naturalism, in: The Stanford Encyclopedia of Philosophy, hrsg. v. Edward N. Zalta, https://plato.stanford.edu/archives/fall2019/entries/moral-non-naturalism/.

Rose, Carol M. (1995), Property and Persuasion. Essays on the History, Theory, and Rhetoric of Ownership, New York: Routledge.

Salice, Alessandro (2020), The Phenomenology of the Munich and Göttingen Circles, in: The Stanford Encyclopedia of Philosophy, hrsg. v. Edward N. Zalta, https://plato.stanford.edu/archives/win2020/entries/phenomenology-mg/.

Schuhmann, Karl (1993), Edith Stein und Adolf Reinach, in: Reto Luzius Fetz/Matthias Rath/Peter Schulz (Hrsg.), Studien zur Philosophie von Edith Stein. Internationales Edith-Stein-Symposion Eichstätt 1991, Freiburg/München: Karl Alber, S. 53–88.

Schuhmann, Karl/Smith, Barry (1987), Adolf Reinach: An Intellectual Biography, in: Kevin Mulligan (Hrsg.), Speech Act and Sachverhalt. Reinach and the Foundations of Realist Phenomenology, Dordrecht: Kluwer, S. 3–27.

Schuhmann, Karl/Smith, Barry (1989) (Hrsg.), Adolf Reinach. Sämtliche Werke. Textkritische Ausgabe in 2 Bänden. München/Hamden/Wien: Philosophia.

Schuppe, Wilhelm (1881), Grundzüge der Ethik und Rechtsphilosophie, Breslau: Wilhelm Koebner.

Searle, John R. (1969), Speech Acts. An Essay in the Philosophy of Language, Cambridge: Cambridge University Press.

Singer, Reinhard (1995), Selbstbestimmung und Verkehrsschutz im Recht der Willenserklärungen, München: C.H. Beck.

Smith, Barry (1987), On the Cognition of States of Affairs, in: Kevin Mulligan (Hrsg.), Speech Act and Sachverhalt. Reinach and the Foundations of Realist Phenomenology, Dordrecht: Kluwer, S. 189–225.

Smith, Henry E. (2012), Property as the Law of Things, in: Harvard Law Review 125, S. 1691–1726.

Steinbock, Anthony J. (1997), Back to the Things Themselves, in: Human Studies 20, S. 127–135.

Szanto, Thomas/Moran, Dermot (2020), Edith Stein, in: The Stanford Encyclopedia of Philosophy, hrsg. v. Edward N. Zalta, https://plato.stanford.edu/archives/spr2020/entries/stein/.

Wilson, Bart J. (2023), The primacy of property; or, the subordination of property rights, in: Journal of International Economics 19, S. 251–267.

Wittgenstein, Ludwig (1960), Tractatus logico-philosophicus, in: Ludwig Wittgenstein, Schriften, Frankfurt am Main: Suhrkamp, S. 7–83.

Wittgenstein, Ludwig (1960), Philosophische Untersuchungen, in: Ludwig Wittgenstein, Schriften, Frankfurt am Main: Suhrkamp, S. 279–544.

Zahavi, Dan (2009), Husserls Phänomenologie, Tübingen: Mohr Siebeck/UTB.

Zur Autorin

Marietta Auer, geboren 1972 in München, Erstes und Zweites Juristisches Staatsexamen sowie Magister Artium der Philosophie und Soziologie in München, Master of Laws (LL.M.) und Doctor of Juridical Science (S.J.D.) an der Harvard Law School, Promotion und Habilitation in München, seit 2020 Direktorin am Max-Planck-Institut für Rechtsgeschichte und Rechtstheorie in Frankfurt am Main sowie Professorin für Zivilrecht und Grundlagen des Rechts an der Justus-Liebig-Universität Gießen, seit 2021 zudem Honorarprofessorin an der Goethe-Universität Frankfurt am Main.

Zahlreiche Preise und Auszeichnungen, u. a. 2005 und 2015 Juristisches Buch des Jahres, 2017 Preis der Berlin-Brandenburgischen Akademie der Wissenschaften, 2022 Gottfried-Wilhelm-Leibniz-Preis der Deutschen Forschungsgemeinschaft.

Publikationen u. a.: Materialisierung, Flexibilisierung, Richterfreiheit. Generalklauseln im Spiegel der Antinomien des Privatrechtsdenkens, 2005; Zum Erkenntnisziel der Rechtstheorie. Philosophische Grundlagen multidisziplinärer Rechtswissenschaft, 2018; Der privatrechtliche Diskurs der Moderne, 2014, unveränderte Broschurausgabe 2022.

Schriftenreihe der Juristischen Gesellschaft zu Berlin

Mitglieder der Gesellschaft erhalten eine Ermäßigung von 40 %

Heft 190 **Grundrechtsschutz zwischen Karlsruhe und Straßburg.** Von Prof. Dr. ANDREAS ZIMMERMANN. 40 Seiten. 2012. € 34,95

Heft 191 **150 Jahre deutsche Verwaltungsgerichtsbarkeit.** Von Prof. Dr. h. c. ECKART HIEN. 30 Seiten. 2014. € 24,95

Heft 192 **Das Europäische Insiderhandelsverbot.** Von Prof. Dr. GREGOR BACHMANN. 64 Seiten. 2015. € 29,95

Heft 193 **Brauchen wir ein drittes Geschlecht?** Von Prof. Dr. TOBIAS HELMS. 36 Seiten. 2015. € 19,95

Heft 194 **Der Prozess Jesu – Aus römisch-rechtlicher Perspektive.** Von Prof. Dr. CHRISTOPH G. PAULUS. 36 Seiten. 2016. € 29,95

Heft 195 **Abstammung und Verantwortung.** Von Prof. Dr. NINA DETHLOFF. 21 Seiten. 2017. € 29,95

Heft 196 **Der digitale Pranger.** Von Dr. ULRICH FRANZ. 33 Seiten. 2018. € 29,95

Heft 197 **Sollbruchstellen des deutschen, europäischen und internationalen Flüchtlingsrechts.** Von Prof. Dr. DANIEL THYM. 50 Seiten. 2019. € 29,95

Heft 198 **Reform des deutschen Namensrechts.** Von Prof. Dr. ANATOL DUTTA. 56 Seiten. 2020. € 29,95

Heft 199 **Gentrifizierung als Rechtsproblem – Wohnungspolitik ohne ökonomische und rechtsstaatliche Leitplanken?** Von Prof. Dr. JÜRGEN KÜHLING. 78 Seiten. 2020. € 29,95

Heft 200 **Der russische Angriffskrieg gegen die Ukraine und das Völkerrecht.** Von Prof. Dr. FELIX LANGE. 29 Seiten. 2023. € 29,95

Open Access. © 2024 bei den Autorinnen und Autoren, publiziert von De Gruyter. Dieses Werk ist lizenziert unter einer Creative Commons Namensnennung 4.0 International Lizenz.
https://doi.org/10.1515/9783111526041-010